科技汉语听说教程

CHINESE FOR SCIENCE AND TECHNOLOGY
—LISTENING AND SPEAKING

主　编◎韩志刚
编　者◎（按姓氏音序排名）
董　杰　韩志刚
杨爱芬　杨　娜
翻　译◎王子君

北京语言大学出版社
BEIJING LANGUAGE AND CULTURE
UNIVERSITY PRESS

图书在版编目(CIP)数据

科技汉语听说教程 / 韩志刚主编. — 北京：北京语言大学出版社，2012.2（2015.3重印）
（来华留学生专业汉语学习丛书）
ISBN 978-7-5619-3238-4

Ⅰ.①科… Ⅱ.①韩… Ⅲ.①科学技术—汉语—听说教学—对外汉语教学—教材 Ⅳ.①H195.4
中国版本图书馆 CIP 数据核字（2012）第 018713 号

书　　名：科技汉语听说教程
责任印制：汪学发

出版发行：北京语言大学出版社
社　　址：北京市海淀区学院路 15 号　　邮政编码：100083
网　　址：www.blcup.com
电　　话：发行部　010-82303650 / 3591 / 3648
编辑部　010-82303647 / 3592 / 3395
读者服务部　010-82303653
网上订购电话　010-82303908
客户服务信箱　service@blcup.com
印　　刷：北京中科印刷有限公司
经　　销：全国新华书店

版　　次：2012 年 2 月第 1 版　　2015 年 3 月第 2 次印刷
开　　本：787 毫米 ×1092 毫米　1/16　　印　　张：9/8.25
字　　数：316 千字
书　　号：ISBN 978-7-5619-3238-4 / H · 12016
定　　价：69.00 元

凡有印装质量问题，本社负责调换。电话：010-82303590

编写说明
Words from the compilers

“来华留学生专业汉语学习丛书”适用于来华学习理工、西医、经贸、中医及相关专业，汉语水平为初级的外国留学生，旨在培养留学生学习理工、西医、经贸、中医及相关专业所急需的听说读写技能，帮助学习者掌握专业汉语的基本词汇、构词法、表达句式，使之顺利地入系接受本科专业教育。

本教程为“来华留学生专业汉语学习丛书·科技汉语系列”语言类主干教材，是为理工类来华留学生在预科阶段学习而编写的专门汉语教材。它是普通汉语课程和数理化专业课程之间的桥梁和纽带。本教程主要目标是，培养预科留学生在数、理、化、计算机方面所需的基本汉语知识和基础汉语技能，为学生学习数、理、化、计算机等专业课消除语言障碍，为专业课提供必要的语言支撑。

留学生学习数理化等专业课，首先遇到的障碍是在语言方面。专业教材的表述语言属于科技语体，其词汇、语法结构与日常口语体有着巨大的差异。据我们对近400万字的数理化教材语料的统计，在频率最高的前1000个非科技术语词中，有20%的词没有被列入HSK词汇大纲，即使是出现在HSK词汇大纲中的80%的词，也大多属于级别较高的词汇（丙级、丁级），初级汉语教材中大多还没有涉及。此外，语法结构方面，科技语体所用句型、句式更注重严密的逻辑性，定语、状语比较复杂；同时，又有不少习用的文言文格式。因此，科技语体的理解难度要明显高于日常口语语体。即使一个人的普通汉语达到了一定水平，要想理解数理化等专业教材所使用的语言也有相当的难度。预科留学生绝大多数是从来没有学过汉语的，他们在预科阶段汉语要从零学起，要想在一年的时间内达到能基本听懂专业课讲授、基本读懂数理化专业教材的程度，其困难是可想而知的。

要想较好地完成培养目标，在普通汉语教材和数理化专业教材之间必须有一个过渡的桥梁，本教程就试图在这方面发挥其独特的作用。

这套教材与以往的科技汉语教材有两方面的不同。

首先，以功能为纲。以往的科技汉语教材可以分为科普性教材和专业性教材两类。科普性汉语教材多以科技话题为纲，优点是知识涉及面广、趣味性强；缺点是专业知识和语言训练都比较散漫，缺乏系统性。专业性科技汉语教材，多以专业知识体系为纲，其优点是知识比较系统，缺点是语言难度大，缺乏梯度和趣味，不利于汉语初学者学习掌握。本教程走的是功能法的路子，通过对科技汉语语料的认真分析，提炼出若干个语言功能项目，如“常见数学符号”“常用表达式”“简单数理关系”“定义与说明”以及“位置与方向”等，根据这些语言功能项目来安排教学内容。由于这些功能项目是贯穿于数理化各门专业教材的表述语言中的，因此以语言功能为纲，使得本教材内容上不局限于某一科专业知识，而具有普适性。

其次，以半科技词语和书面词语为主。科技语体与日常口语语体在词汇方面最突出的差别是，前者有大量的专业术语、半科技词语和带文言色彩的书面词语。专业术语主要承载独特的专业概念和知识，专业性强，数量大，作为初级水平的专业汉语教材无法也不适合以此为教学目标。半科技词语和常用书面词语在科技语体中使用频率高、分布范围广，是构成科技语体的基础材料，因此，这套教材以半科技词语和常用书面词语为主要教学内容，根据其使用频率来选择用词。教材共选用生词语1100个左右（其中“读写教程”和“听说教程”共同选用的占60%），绝大部分在《科技汉语词频表》* 中位于前2000位，这就保证了所教授词语的基础性和通用性。

本教程与《科技汉语读写教程》相配合，其练习的内容以听为主，以说为辅，重在培养学生对科技汉语的听说能力。课文结构包括词语、听力训练、口语表达三大部分，其中听力训练遵循词语练习、句子理解、短文理解的顺序，由易到难，逐步提升；口语表达则根据本课主要语言功能，在听力理解的基础上进行适当的口头表达训练，练习题以任务为中心，进行有梯度的安排。每课最后有一至两道趣味思考题，用于激发学生探索欲望，增加任务的挑战性，当然最终还落脚于对学生口头表达能力的训练。

本教程在细节上突出人性化设计，如特别增加了Mp3目录，便于学生检索和自学，提高学习效率；增加手写体录音文本，并区分三个连写程度不同的阶段，有利于提高学生入系后对手写板书的认读效率；生词、语音练习均配有录音，并按生词及练习题切分文件，方便学生反复模仿发音，加快知识的语码转换。

全书一共21课，建议每4~5课时完成一课，全书可供一个学期的教学使用。

编写分工：第1课由韩志刚、董杰、杨爱芬共同编写；第2、3、8、9、10、17课由韩志刚编写；第4、5、11、12、13课由董杰编写；第6、7、14、15、16课由杨爱芬编写；第18、19、20、21课由杨娜编写。部分课文插图由天津大学理学院研究生焦颖绘制。全书由韩志刚负责统稿。

在科技汉语语料分析和统计工作中，我们得到了郑洪升、张雅轩、王雷三位专业人士的大力帮助，在此表示衷心感谢！

编　者

* 本教程的编写人员从分析、统计科技汉语语料入手，通过对近400万字的初中、高中以及大学数理化、计算机教材的统计、筛选，制定出《科技汉语词频表》。

目　录
Contents

第一课　数学符号
Lesson 1　Mathematical Symbols　1

第二课　常用表达式
Lesson 2　Common Expressions and Formulas　7

第三课　简单数理关系
Lesson 3　Simple Mathematical Relations　12

第四课　常用数学图形及图形间的关系
Lesson 4　Common Mathematical Graphics and Their Relations　18

第五课　定义与说明
Lesson 5　Definition and Illustration　25

第六课　位置与方向
Lesson 6　Location and Direction　30

第七课　异同与比例
Lesson 7　Similarity, Difference and Proportion　36

第八课　运算与操作（数学）
Lesson 8　Calculation and Operation (Mathematics)　41

第九课　运算与操作（物理）
Lesson 9　Calculation and Operation (Physics)　48

第十课　运算与操作（化学）
Lesson 10　Calculation and Operation (Chemistry)　53

第十一课　指令与要求
Lesson 11　Instructions and Directions　58

第十二课　分类与举例
Lesson 12　Categorization and Exemplification　63

第十三课　变换解释（说明）
Lesson 13　Explaining in Different Words　68

第十四课　事物的构成
Lesson 14　Composition of an Object or a Substance　73

第十五课　事物的变化（一）
Lesson 15　Changes of Things (Ⅰ)　78

第十六课　事物的变化（二）
Lesson 16　Changes of Things (Ⅱ)　83

第十七课　因果联系
Lesson 17　Cause and Effect　89

第十八课　条件限制
Lesson 18　Condition and Restriction　95

第十九课　推论总结
Lesson 19　Inference and Conclusion　100

第二十课　问题解读（一）
Lesson 20　Understanding the Problems (Ⅰ)　105

第二十一课　问题解读（二）
Lesson 21　Understanding the Problems (Ⅱ)　110

词语总表
Vocabulary　116

Mp3目录

Mp3 Contents

音轨 File	课本页码 Page	音轨 File	课本页码 Page
1–1	1	3–8	15
1–2	2	3–9	16
1–3	3	4–1	18
1–4	3	4–2	19
1–5	3	4–3	19
1–6	4	4–4	21
1–7	4	4–5	21
1–8	4	4–6	23
1–9	4	4–7	23
1–10	5	4–8	23
2–1	7	4–9	23
2–2	8	4–10	24
2–3	8	5–1	25
2–4	9	5–2	26
2–5	9	5–3	26
2–6	9	5–4	26
2–7	10	5–5	27
2–8	10	5–6	27
2–9	10	5–7	28
3–1	12	5–8	28
3–2	13	5–9	28
3–3	14	6–1	30
3–4	14	6–2	31
3–5	14	6–3	31
3–6	15	6–4	32
3–7	15		

音轨 File	课本页码 Page
6–5	32
6–6	32
6–7	34
6–8	34
6–9	34
6–10	35
7–1	36
7–2	37
7–3	37
7–4	38
7–5	38
7–6	38
7–7	39
7–8	39
7–9	39
7–10	39
8–1	41
8–2	42
8–3	42
8–4	43
8–5	43
8–6	45
8–7	45
8–8	46
8–9	46
9–1	48
9–2	49
9–3	49
9–4	50

音轨 File	课本页码 Page
9–5	50
9–6	50
9–7	51
9–8	51
9–9	51
9–10	51
10–1	53
10–2	54
10–3	54
10–4	55
10–5	55
10–6	55
10–7	56
10–8	56
11–1	58
11–2	59
11–3	59
11–4	59
11–5	60
11–6	60
11–7	61
11–8	61
11–9	61
12–1	63
12–2	64
12–3	64
12–4	65
12–5	65
12–6	65

音轨 File	课本页码 Page
12–7	66
12–8	66
12–9	66
13–1	68
13–2	69
13–3	69
13–4	70
13–5	70
13–6	70
13–7	71
13–8	71
13–9	71
13–10	71
14–1	73
14–2	74
14–3	74
14–4	75
14–5	75
14–6	75
14–7	75
14–8	76
14–9	76
14–10	76
15–1	78
15–2	79
15–3	79
15–4	80
15–5	80

音轨 File	课本页码 Page
15–6	80
15–7	80
15–8	81
15–9	81
15–10	81
16–1	83
16–2	84
16–3	85
16–4	85
16–5	85
16–6	86
16–7	86
16–8	86
16–9	87
16–10	87
17–1	89
17–2	90
17–3	90
17–4	91
17–5	91
17–6	91
17–7	92
17–8	92
17–9	92
18–1	95
18–2	96
18–3	96
18–4	97

音轴 File	课本页码 Page
18–5	97
18–6	98
18–7	98
18–8	98
18–9	99
19–1	100
19–2	101
19–3	101
19–4	102
19–5	102
19–6	102
19–7	103
19–8	103
19–9	103
19–10	103
19–11	104
20–1	105
20–2	106
20–3	106

音轴 File	课本页码 Page
20–4	107
20–5	107
20–6	107
20–7	108
20–8	108
20–9	108
20–10	108
20–11	109
21–1	110
21–2	111
21–3	111
21–4	112
21–5	112
21–6	113
21–7	113
21–8	113
21–9	114
21–10	114

第一课 Lesson 1

数学符号 Mathematical Symbols

学习目标 Objectives

1. 能听懂本课涉及的数学符号的汉语表达方法
2. 会用汉语读说数学符号

词语表 New words and expressions

1.	加	jiā	动	to add; plus	$a+b$
2.	减	jiǎn	动	to subtract; minus	$a-b$
3.	乘	chéng	动	to multiply, to time	$a \times b$
4.	除以	chúyǐ	动	to be divided by	$a \div b$
5.	正	zhèng	形	positive	$+a$
6.	负	fù	形	negative	$-a$
7.	和	hé	名	sum	$a+b=c$
8.	差	chā	名	difference	$a-b=c$
9.	积	jī	名	product	$a \times b=c$
10.	商	shāng	名	quotient	$a \div b=c$
11.	小于	xiǎoyú		less than	$a<b$
12.	大于	dàyú		greater than	$a>b$
13.	等于	děngyú	动	equal to	$a=b$
	不等于	bù děngyú		unequal to	$a \neq b$
	小于等于	xiǎoyú děngyú		less than or equal to	$a \leqslant b$
	大于等于	dàyú děngyú		greater than or equal to	$a \geqslant b$
	约等于	yuē děngyú		approximately equal to	$a \approx 5$
14.	平行（于）	píngxíng（yú）	动	to be parallel (to)	$a /\!/ b$
15.	括号	kuòhào	名	brackets, parentheses	( )

16.	根号	gēnhào	名	radical sign	$\sqrt{2}=2^{1/2}$
17.	(X)分之(Y)	fēn zhī		*used between the denominator (X) and the numerator (Y) to indicate a fraction*	$\frac{2}{3}$
18.	百分之	bǎi fēn zhī		percent	23%
19.	V(记、读、写、称)+作	zuò		...(recorded, read, written, called, etc.)+as	
20.	直线	zhíxiàn	名	straight line	
21.	数	shù	名	number	
22.	数字	shùzì	名	numeral, figure	
23.	计算	jìsuàn	动	to calculate, to count	
24.	算式	suànshì	名	arithmetic formula	
25.	实数	shíshù	名	real number	
26.	全程	quánchéng	名	entire journey	

第一部分 听力训练
Part 1 Listening Practice

词语练习 Vocabulary Exercises

1 听后跟读(每个词语听两遍) 1-2

Read after the recording. (Each word or expression will be read twice.)

(1) (6)

(2) (7)

(3) (8)

(4) (9)

(5) (10)

2 在你听到的词语前面画√（每个词语听两遍）

Put a √ in front of each word or expression you hear. (Each word or expression will be read twice.)

（1）A. jiàn　　B. xiàn　　C. jiǎn
（2）A. shāng　　B. shàng　　C. shuāng
（3）A. chéngyǐ　　B. děngyú　　C. děngrén
（4）A. kě　　B. hē　　C. hé
（5）A. jī　　B. qǐ　　C. xí
（6）A. chūqù　　B. zhùyì　　C. chúyǐ
（7）A. chā　　B. chá　　C. jiā
（8）A. jiàozuò　　B. yàozuò　　C. xiǎocuò
（9）A. kǒuhào　　B. kuòhào　　C. guóhào
（10）A. chú　　B. shū　　C. shù

句子练习 Sentence Exercises

1 在你听到的式子前面画√（每个式子听两遍）

Put a √ in front of each formula you hear. (Each formula will be read twice.)

（1）A. $5<9$　　B. $5>9$
（2）A. $a+b=10$　　B. $a+b\neq 10$
（3）A. $\frac{1}{5}$　　B. $\frac{1}{2}$
（4）A. $50\times 30\%$　　B. $50\times 100\times 30$
（5）A. $FG//DE$　　B. $FG\perp DE$
（6）A. $\sqrt{x}+\sqrt{y}=c$　　B. $\sqrt{x}+\sqrt{y}\neq c$
（7）A. 90×30　　B. $90\div 30$
（8）A. 5×2　　B. $5\div 2$
（9）A. $x+y=2$　　B. $x-y=2$
（10）A. $x\geqslant y$　　B. $x>y$

2 根据录音写算式（每个算式听三遍）

Write down formulas according to the recording. (Each formula will be read three times.)

（1）________________
（2）________________
（3）________________
（4）________________
（5）________________
（6）________________

（7）______________ （9）______________

（8）______________ （10）______________

3 根据录音计算问题的结果，然后选择正确答案（每个问题听两遍） 1-6

Listen to the recording and solve the calculation problems. Then choose the correct answers. (Each problem will be read twice.)

（1）	A. 2	B. 8	（6）A. 9	B. 4
（2）	A. 11	B. 7	（7）A. 3	B. 10
（3）	A. 10	B. 2.5	（8）A. 18	B. 3
（4）	A. 7	B. 5	（9）A. 29	B. 35
（5）	A. 4	B. 12	（10）A. 10	B. 11

短文理解 Passage Comprehension

1 听短文，根据短文内容选择正确答案（每段短文听两遍）

Listen to the passages and choose the correct answers. (Each passage will be read twice.)

短文1 Passage 1 1-7

（1）A. 一种　B. 两种　C. 三种

（2）A. a小于b　B. a等于b　C. a大于b

短文2 Passage 2 1-8

（1）A. 求两个式子的和　B. 求两个式子的差　C. 比较两个式子的大小

（2）A. 3（x+7）和3（x+4）　B. 3+x+7和3+x+4　C. 3x+7和3x+4

2 听短文，根据短文内容判断对错，对的画√，错的画×（每段短文听两遍）

Listen to the passages and decide whether the following statements or formulas are true or false. True: √; false: ×. (Each passage will be read twice.)

短文1 Passage 1 1-9

（1）a、b、c是实数。 （ ）

（2）$a+b+c>0$，$abc>0$。　（　　）

（3）$a+b+c<0$，$\frac{1}{a}+\frac{1}{b}+\frac{1}{c}>0$。　（　　）

短文2　Passage 2

（1）汽车每小时走80公里。　（　　）

（2）汽车2小时走完了全程。　（　　）

（3）汽车3小时走完了全程的50%。　（　　）

第二部分　口语练习 Part 2 Oral Practice

1 读出下列算式　Read the following formulas.

（1）$2+23=25$

（2）$25-2=23$

（3）$3\times 11=33$

（4）$33\div 3=11$

（5）$2x<y$

（6）$3y>24$

（7）$4\times 23\%=92\%$

（8）$5x\leqslant 29$

（9）$AB/\!/CD$

（10）$CD\perp FG$

（11）$a>0$

（12）$ab<0$

（13）$\frac{1}{a}=\frac{3}{b}$

（14）$ac-bd>0$

2 我问你答（分组活动）　I ask, and you answer. (Group work)

活动说明：每两个同学分为一组，A同学说一个算式，B同学说出答案；然后B同学说一个算式，A同学说出答案，交互进行。每组问答多少回合，视实际情况而定。建议每人不少于5问5答。老师还可以视情况提出其他要求，如规定四则运算都要用到。

例如：

A：2加5等于几？
B：等于7。

→

B：9减4等于几？
A：等于5。

3 说一说下列数字之间的关系

Talk about the relationship between the numbers in each pair or group below.

例如：5与 2、3

→ 2加3等于5。

→ 5是2与3的和。

（1）18与9、2

（2）6与2、3

（3）10与19、9

（4）3与9、3

（5）17与21、4

（6）18与16

（7）30与5、35

（8）25与5、5

（9）27与3

（10）28与56

趣味题 A problem for fun

请把数字45分成4份，要求第一份加2、第二份减2、第三份乘以2、第四份除以2，它们的结果相等。你知道应该怎样分成4份吗？

第二课 Lesson 2

常用表达式 Common Expressions and Formulas

学习目标 Objectives

1. 能听懂数学表达式的汉语意思
2. 掌握常用的数学表达式的汉语表达方法

词语表 New words and expressions

1.	单位	dānwèi	名	unit
2.	力	lì	名	force, power
3.	牛顿	niúdùn	量	newton
4.	面积	miànjī	名	area
5.	压强	yāqiáng	名	intensity of pressure, pressure
6.	平方	píngfāng	名	square
7.	含有	hányǒu	动	to contain, to comprise
8.	未知数	wèizhīshù	名	unknown number
9.	等式	děngshì	名	equation
10.	方程	fāngchéng	名	equation (with one or more variables)
11.	形式	xíngshì	名	form
12.	无	wú	动	none, no
13.	解	jiě	名、动	solution; to solve
14.	无穷	wúqióng	形	infinite, endless
15.	相反	xiāngfǎn	形	opposite, contrary
16.	绝对值	juéduìzhí	名	absolute value
17.	立方	lìfāng	名	cube
18.	根	gēn	名	root
19.	物理学	wùlǐxué	名	physics
	物理	wùlǐ	名	physics
20.	又	yòu	副	(*indicating that a fraction is added to an integer*) and

第一部分 听力训练
Part 1 Listening Practice

词语练习 Vocabulary Exercises

1 听后跟读（每个词语听两遍）

Read after the recording. (Each word or expression will be read twice.)

(1)　　(9)

(2)　　(10)

(3)　　(11)

(4)　　(12)

(5)　　(13)

(6)　　(14)

(7)　　(15)

(8)

2 在你听到的词语前面画√（每个词语听两遍）

Put a √ in front of each word or expression you hear. (Each word or expression will be read twice.)

(1) A. nǐ	B. dì	C. lì
(2) A. xiāngfǎn	B. xiǎngfǎ	C. xiǎngniàn
(3) A. gēn	B. yín	C. hěn
(4) A. péngyou	B. háiyǒu	C. Hànyǔ
(5) A. lǐbiān	B. lìfāng	C. dìfāng
(6) A. děngshì	B. děngyú	C. dànshì
(7) A. fāngchéng	B. Chángchéng	C. chángcháng
(8) A. yāqiáng	B. yàoqiáng	C. jiǎngyào
(9) A. xíngshì	B. xīnshì	C. xiǎoshí
(10) A. dàwèi	B. dānwèi	C. dìwèi

3 在你听到的词语前面画√（每个词组或句子听两遍）

Put a √ in front of each word or expression you hear. (Each phrase or sentence will be read twice.)

（1）A. 很大	B. 面积	（6）A. 学生	B. 物理学
（2）A. 力的	B. 你的	（7）A. 什么	B. 压强
（3）A. 物理	B. 无穷	（8）A. 平方	B. 平方根
（4）A. 方程	B. 平方	（9）A. 立方	B. 立方根
（5）A. 相同	B. 数	（10）A. 未知数	B. 绝对值

句子练习 Sentence Exercises

1 根据录音内容判断对错，对的画√，错的画×（每个句子听两遍）

Decide whether the following statements or formulas are true or false according to the recording. True: √; false: ×. (Each sentence or formula will be read twice.)

（1）0是0的相反数。（　　）

（2）a和$-a$的绝对值都等于0。（　　）

（3）这个方程无解。（　　）

（4）$a+b^2=c$（　　）

（5）$a-\frac{b}{3}$（　　）

（6）$|x|>y$（　　）

（7）$b+2=a^2$（　　）

（8）$\sqrt{x}+1=y$（　　）

（9）$x^2-y^2=ab$（　　）

（10）$a^3+b^2>14$（　　）

2 根据录音内容选择正确的数学表示法（每个数字或代数式听两遍）

Choose the correct expressions according to the recording. (Each number or formula will be read twice.)

（1）A. $\frac{3}{5}$	B. $\frac{5}{3}$	C. $5-3$
（2）A. $6-\frac{5}{x}$	B. $\frac{x}{5}-6$	C. $6+\frac{x}{5}$
（3）A. $2\frac{3}{7}$	B. $2\times\frac{3}{7}$	C. $2\frac{7}{3}$

（4）A. $|-a|$　　B. $|5a|$　　C. $-|a|$

（5）A. $|b| \div a$　　B. $b \div |a|$　　C. $|b| \times a$

（6）A. a^2+b^2　　B. $(a+b)^2$　　C. $a+b^2$

（7）A. x^2-y^3　　B. $\sqrt[3]{y} - \sqrt{x}$　　C. $\sqrt{x} - \sqrt[3]{y}$

（8）A. $|a|+|b|>2x$　　B. $|a+b|>2x$　　C. $|a|+|b|<2x$

3 根据录音内容写算式（每个算式听三遍） 2-7

Write down formulas according to the recording. (Each formula will be read three times.)

（1）________________　　（5）________________

（2）________________　　（6）________________

（3）________________　　（7）________________

（4）________________

短文理解 Passage Comprehension

1 听短文，根据短文内容选择正确答案（短文听两遍） 2-8

Listen to the passage and choose the correct answers. (The passage will be read twice.)

（1）A. 千克　　B. 米　　C. 牛顿

（2）A. 米　　B. 平方米　　C. 立方米

（3）A. 面积单位　　B. 力的单位　　C. 压强的单位

（4）A. 5平方米　　B. 4平方米　　C. 20牛顿

2 听短文，根据短文内容判断对错，对的画√，错的画×（短文听两遍） 2-9

Listen to the passage and decide whether the following statements are true or false. True: √; false: ×. (The passage will be read twice.)

（1）方程是一种等式。　　（　　）

（2）一元一次方程的形式是$ax+bx=0$。　　（　　）

（3）当a不等于0，b等于0时，方程没有解。　　（　　）

（4）当a等于0，b等于0时，方程有无穷多个解。　　（　　）

第二部分 口语练习
Part 2 Oral Practice

1 读出下列代数式　Read the following formulas.

（1）$|a|=2$，$|b|=1$

（2）$a-|a-2|$

（3）$|2-x|>8$

（4）$|a| \leqslant b^2$

（5）$|x|+|y| \geqslant 26$

（6）$x_1+x_2=-\dfrac{b}{a}$

（7）$\sqrt{2}\ -\sqrt{3}$

（8）$a+2x=y$

（9）$a^2-b^2=3x$

（10）$(a+b)^2=a^2+b^2+2ab$

（11）x^2-x-30

（12）$-3x^2>-6x+2$

2 我说你写（分组活动）　I say, and you write. (Group work)

活动说明：两个同学一组，A同学任意说三个代数式，B同学写出来；然后，B同学说三个代数式，A同学写出来。相互看看写得对不对。（也可以老师说，全体学生写，然后老师出示正确答案。）

趣味题 A problem for fun

下图中9个圆圈组成3个横式、1个竖式。请你在圆圈里写1~9九个数字，使这4个等式都成立。1~9这9个数字，每个数字只能用一次。然后说一说这四个式子。

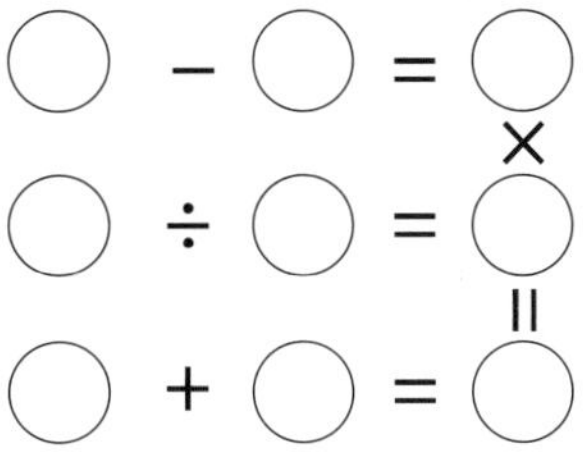

第三课 Lesson 3

简单数理关系 Simple Mathematical Relations

学习目标 Objectives

1. 能听懂数字之间的数理关系
2. 会用汉语表达不同数字之间的关系

词语表 New words and expressions

1.	之	zhī	助	*used to connect the modifier and the word modified*
2.	倍	bèi	量	time, -fold
3.	互为	hùwéi	动	to be each other's...
4.	半径	bànjìng	名	radius
5.	体积	tǐjī	名	bulk, volume
6.	月球	yuèqiú	名	moon
7.	太阳	tàiyáng	名	sun
8.	地球	dìqiú	名	earth, globe
9.	陆地	lùdì	名	land
10.	海洋	hǎiyáng	名	ocean, sea
11.	表面	biǎomiàn	名	surface
12.	正数	zhèngshù	名	positive number
13.	介于……之间	jièyú……zhījiān		to range between... and...
14.	相等	xiāngděng	动	to equal
15.	汽化	qìhuà	动	to vaporize, to boil away
16.	活泼	huópō	形	active, lively
17.	稳定	wěndìng	形	steady, stable
18.	化学	huàxué	名	chemistry

19. 性质　xìngzhì　名　nature, property

20. 地壳　dìqiào　名　earth's crust

21. 金属　jīnshǔ　名　metal

常见金属

钠	nà	Na
铝	lǚ	Al
铁	tiě	Fe
锌	xīn	Zn

第一部分 听力训练
Part 1 Listening Practice

词语练习 Vocabulary Exercises

1 听后跟读（每个词语听两遍）3-2

Read after the recording. (Each word or expression will be read twice.)

（1）	（10）
（2）	（11）
（3）	（12）
（4）	（13）
（5）	（14）
（6）	（15）
（7）	（16）
（8）	（17）
（9）	（18）

2 在你听到的词语前面画√（每个词语听两遍）

Put a √ in front of each word or expression you hear. (Each word or expression will be read twice.)

（1）A. zhèngshù	B. zhěngshù	C. chéngshù
（2）A. píqiú	B. dìqiú	C. tīqiú
（3）A. húpō	B. wúbō	C. huópō
（4）A. wùlǐ	B. wúlì	C. wúlǐ
（5）A. tījǐ	B. dījí	C. tǐjī
（6）A. xiāngtóng	B. xiāngděng	C. xiàngdōng
（7）A. xìngzhì	B. xìngzi	C. xùnjí
（8）A. bàn zhèng	B. pánjìng	C. bànjìng
（9）A. tàiyáng	B. hǎiyáng	C. dàiyǎng
（10）A. lùdì	B. lùjī	C. rúcǐ

3 在你听到的词语前面画√（每个词组或句子听两遍）

Put a √ in front of each word or expression you hear. (Each phrase or sentence will be read twice.)

（1）A. 性质	B. 无理	（6）A. 实数	B. 正数
（2）A. 地球	B. 半径	（7）A. 太阳	B. 海洋
（3）A. 地球	B. 里面	（8）A. 相同	B. 互为
（4）A. 2倍	B. 6倍	（9）A. 不相等	B. 相等
（5）A. 介于	B. 化学	（10）A. 海洋	B. 活泼

句子练习 Sentence Exercises

1 根据录音内容判断对错，对的画√，错的画×（每个句子听两遍）

Decide whether the following statements or formulas are true or false according to the recording. True: √; false: ×. (Each sentence or formula will be read twice.)

（1）$a+b=201$ （　　）

（2）$x^2=6$ （　　）

（3）$x^2=y$ （　　）

（4）$|n| \leqslant 3$ （　　）

（5）$a-b>0$ （　　）

（6）$xy=9$　（　　）

（7）$2xy$　（　　）

（8）他睡觉的时间是5个小时。　（　　）

（9）妻子睡觉的时间多。　（　　）

（10）x大于12且小于23。　（　　）

2 根据录音内容选择正确答案（每个句子听两遍）

Choose the correct answers according to the recording. (Each sentence will be read twice.)

（1）A. x大于y　B. x小于y　C. x和y都是实数

（2）A. 加上　B. 减去　C. 绝对值

（3）A. 四分之一　B. 十九分之一　C. 四十九分之一

（4）A. 等于2　B. 比5小　C. 比5大

（5）A. 陆地面积是海洋面积的七分之一

B. 陆地面积是海洋面积的七分之三

C. 海洋面积是陆地面积的七倍

（6）A. 铁比铝贵　B. 铝比铁贵　C. 铝的价格跟铁的一样

（7）A. 铁不稳定　B. 钠很活泼　C. 铝很活泼

（8）A.气可以变成水　B. 水的体积变大　C. 水的体积没变

短文理解 Passage Comprehension

1 听短文，根据短文内容判断对错，对的画√，错的画×（每段短文听两遍）

Listen to the passages and decide whether the following statements are true or false. True: √; false: ×. (Each passage will be read twice.)

短文1　Passage 1

（1）如果x不小于y，也可以说x大于y。　（　　）

（2）x大于y，就是x比y大。　（　　）

短文2　Passage 2

（1）a乘以b等于c的2倍。　（　　）

（2）这段话没有提到绝对值。　（　　）

2 听短文，根据短文内容选择正确答案（短文听两遍）

Listen to the passage and choose the correct answers. (The passage will be read twice.)

（1）A. 109倍　　B. 130万倍　　C. 130万分之1

（2）A. 地球的密度　　B. 地球的半径　　C. 地球的大小

（3）A. 地球和太阳的半径　　B. 地球和月球的体积　　C. 地球和月球的面积

第二部分 口语练习
Part 2 Oral Practice

1 根据示例，用所给词语重新表达句子的意思

Follow the example and express each of the following sentences in another way using the words or expressions given in the brackets.

例如：x等于y加z。（和）

→ y与z之和为x。

（1）3是9的三分之一。（倍）

（2）x不小于10。（大于等于）

（3）y小于等于1。（大于）

（4）a减去b小于0。（差、负数）

（5）-3是3的相反数。（互为）

（6）x的绝对值是x，$-x$的绝对值也是x。（相同）

（7）a加5等于b乘以b。(平方)

（8）x乘以y等于z的平方乘以3。（倍）

2 根据示例，用汉语表达下面数学式的意义，注意使用不同的表达方式

Follow the example and express the following mathematical formulas in Chinese. Try to use different ways of expression.

例如：$7x=201$

→ 7与x的乘积为201

→ 201是x的7倍

（1）$3+5=4\times 2$　　（3）$9-a\leqslant 3$

（2）$2x<y-4$　　（4）$3x\geqslant 24$

（5）$4+a=b^2$

（6）$a^2+b^2=2c^2$

（7）$9\div a=\frac{b}{2}$

（8）$|a|+b\geqslant 99$

（9）$a-b=5(c+d)$

趣味题 A problem for fun

B比C的2倍小，而且B、C都不等于0，那么，A、B、C的数值各是多少？请说出这个式子。

$$\begin{array}{r} A\ B\ C \\ +\ A\ A\ B \\ \hline B\ A\ A \end{array}$$

第四课 Lesson 4

常用数学图形及图形间的关系

Common Mathematical Graphics and Their Relations

学习目标 Objectives

1. 掌握本课常用数学图形和关系的汉语表达方法
2. 能根据常用数学图形的汉语表达画出相应图形

词语表 New words and expressions

1.	线	xiàn	名	line
	射线	shèxiàn	名	radial
	曲线	qǔxiàn	名	curve
2.	三角形	sānjiǎoxíng	名	triangle
3.	四边形	sìbiānxíng	名	quadrangle
	平行四边形	píngxíngsìbiānxíng	名	parallelogram
4.	长方形	chángfāngxíng	名	rectangle
5.	正方形	zhèngfāngxíng	名	square
6.	圆	yuán	名	circle
7.	角	jiǎo	名	angle
	直角	zhíjiǎo	名	right angle
	锐角	ruìjiǎo	名	acute angle
	钝角	dùnjiǎo	名	obtuse angle
8.	边长	biāncháng	名	side length
9.	封闭	fēngbì	动	to seal, to close
10.	周	zhōu	名	circle, circuit, circumference
11.	平面	píngmiàn	名	plane
12.	相交	xiāngjiāo	动	to intersect
13.	斜交	xiéjiāo	动	to intersect obliquely

14.	绕	rào	动	to circle, to move or go round
15.	点	diǎn	名	dot, point
	交点	jiāodiǎn	名	intersection (point)
	端点	duāndiǎn	名	end point
16.	旋转	xuánzhuǎn	动	to revolve, to rotate
17.	垂直（于）	chuízhí（yú）	动	to be perpendicular (to)

第一部分 听力训练
Part 1 Listening Practice

词语练习 Vocabulary Exercises

1 听后跟读（每个词语听两遍）

Read after the recording. (Each word or expression will be read twice.)

（1）　　　　（6）

（2）　　　　（7）

（3）　　　　（8）

（4）　　　　（9）

（5）　　　　（10）

2 在你听到的图形前面画√（每个听两遍）

Put a √ in front of each geometric figure you hear. (Each of them will be read twice.)

（1）□ 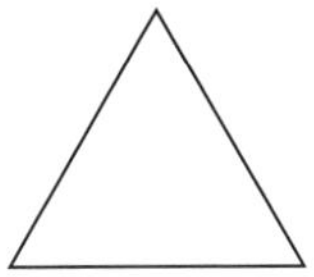　□ 

（2）□ 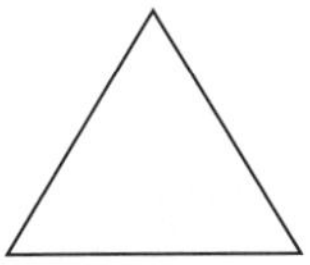　□ 

（3） □ 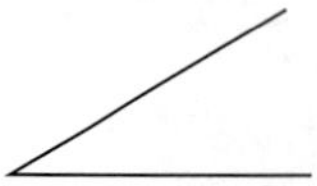 □ 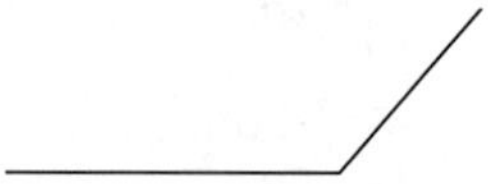

（4） □ 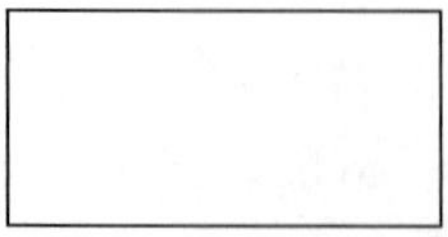 □ 

（5） □ 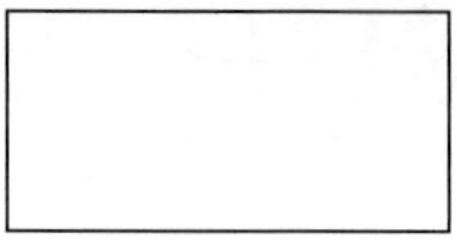 □ 

（6） □ 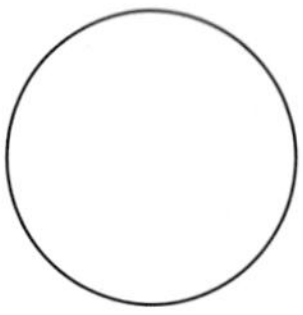 □ 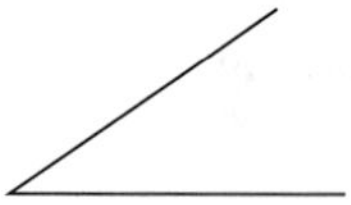

（7） □ 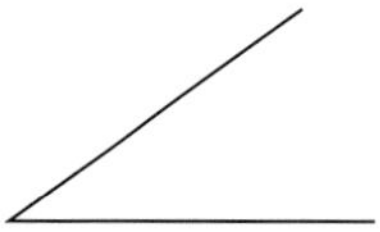 □ 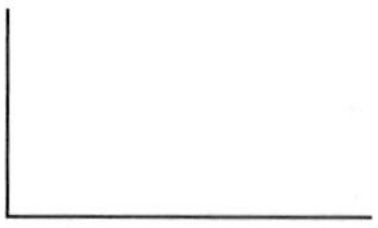

（8） □ □ 

（9） □ 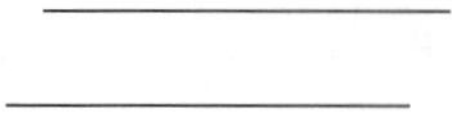 □ 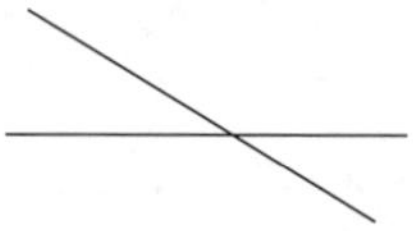

（10） □ 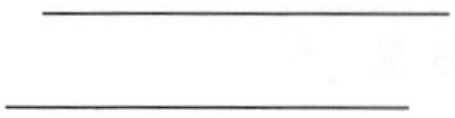 □ 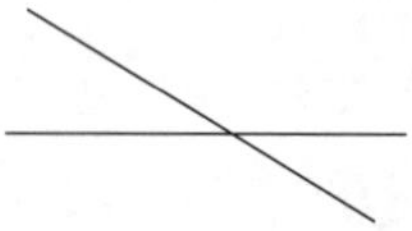

3 听录音，画出相应的图形（每个听两遍）

Listen to the recording and draw the geometric figures. (Each of them will be read twice.)

（1）

（2）

（3）

（4）

（5）

（6）

（7）

（8）

（9）

（10）

句子练习 Sentence Exercises

1 根据录音内容判断对错，对的画√，错的画×（每个听两遍）

Decide whether the following geometric figures are right or wrong according to the recording. Right: √; wrong: ×. (Each phrase or sentence will be read twice.)

（1）

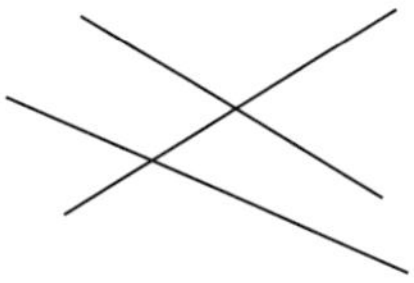

（　　）

（2）

（　　）

（3）

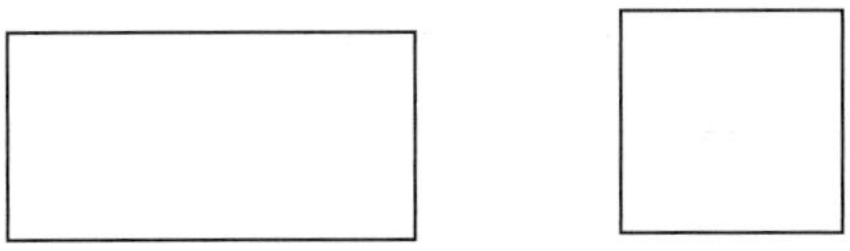

（　　）

（4）

（ ）

（5）

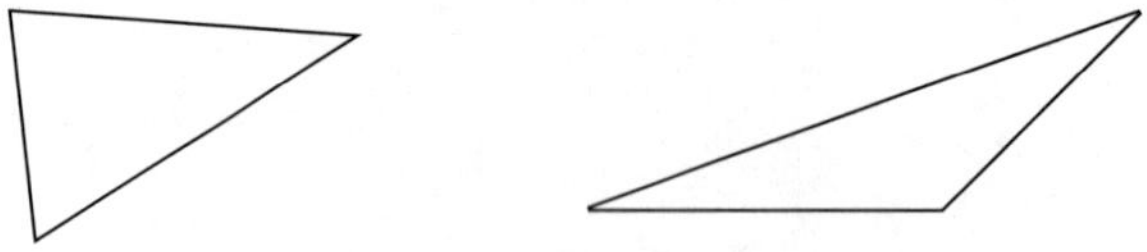

（ ）

（6）

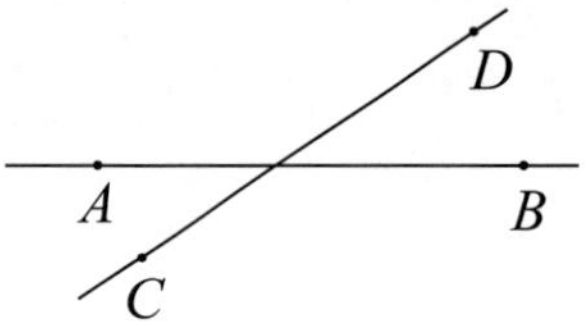

（ ）

（7）

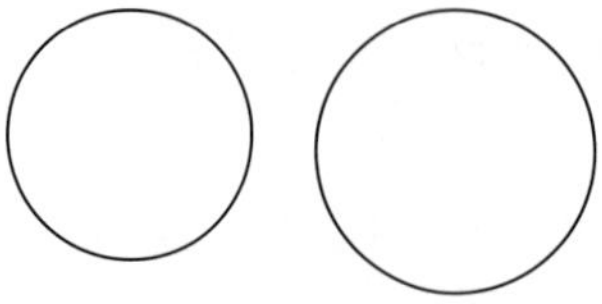

（ ）

（8）

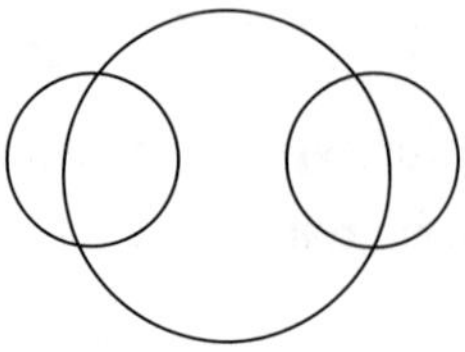

（ ）

（9）

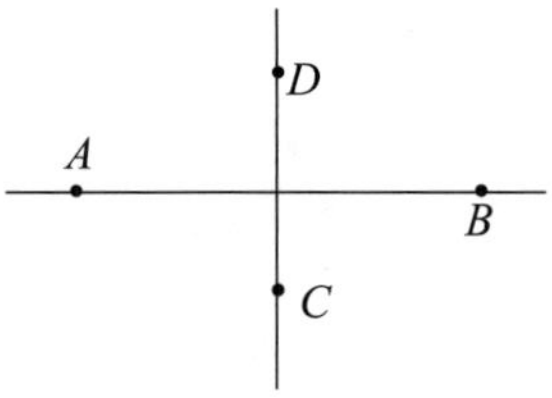

（ ）

（10）

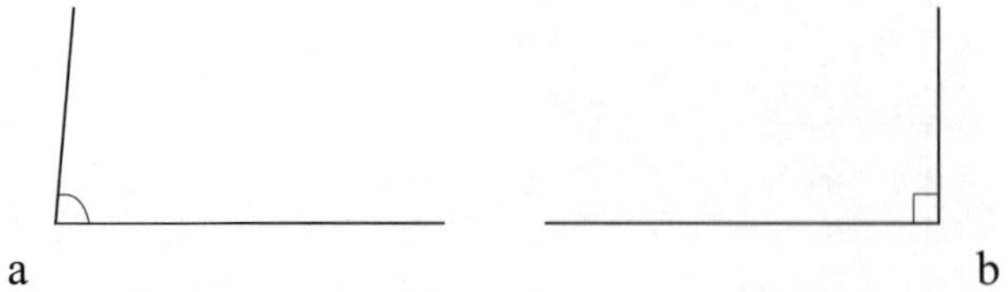

（ ）

2 根据录音内容选择正确答案（每个句子听两遍）

Choose the correct answers according to the recording. (Each sentence will be read twice.)

（1）A. 6平方米　B. 9平方米　C. 12平方米

（2）A. 正方形　B. 长方形　C. 平行四边形

（3）A. 12平方米　B. 18平方米　C. 24平方米

（4）A. 一个　B. 两个　C. 三个

（5）A. 平行　B. 相交　C. 垂直

（6）A. 平行　B. 相交　C. 垂直

（7）A. 一种　B. 两种　C. 三种

（8）A. 直线　B. 曲线　C. 射线

短文理解 Passage Comprehension

1 听短文，根据短文内容选择正确答案（每段短文听两遍）

Listen to the passages and choose the correct answers. (Each passage will be read twice.)

短文1 Passage 1

（1）A. 线段　B. 直线　C. 射线

（2）A. 圆　B. 圆周　C. 圆心

短文2 Passage 2

（1）A. 直线与直线　B. 直线与平面　C. 平面与平面

（2）A. 垂直　B. 平行　C. 相切

2 听短文，根据短文内容判断对错，对的画√，错的画×（每段短文听两遍）

Listen to the passages and decide whether the following statements are true or false. True: √; false: ×. (Each passage will be read twice.)

短文1 Passage 1

（1）在同一平面内不相交的两条直线叫做垂直线。（　）

（2）如果两条直线垂直相交，我们把其中一条叫做另一条的垂线。（　）

短文2 Passage 2

（1）直线与平面的位置关系有两种情况。 （ ）

（2）直线在平面内，则直线与平面有一个交点。 （ ）

第二部分 口语练习
Part 2 Oral Practice

1 用自己的话解释下列概念

Explain the following concepts in your own words.

（1）长方形

（2）正方形

（3）圆

（4）直角三角形

2 用自己的话简单说明下列图形之间的关系

Briefly explain the relationships between the following geometric figures in your own words.

（1）平行四边形和一般四边形

（2）锐角三角形和钝角三角形

（3）在同一平面内，两条直线平行与两条直线垂直

（4）直线与平面

趣味题 Problems for fun

1. 一个房间，如果墙壁长、宽、高都是6米。在这样的正方体中，怎样画出一个最大的三角形？

2. 你知道哪一年的年份写在纸上，倒过来看还是这一年吗？

第五课 Lesson 5

定义与说明 Definition and Illustration

学习目标 Objectives

1. 掌握下面的常用格式：
   （1）A叫做/称作/称为B
   （2）把……叫做/称作/称为……
   （3）……说明了……
2. 掌握对事物进行定义和说明时的汉语常用表达方法

词语表 New words and expressions

1.	物质	wùzhì	名	matter, substance
2.	周围	zhōuwéi	名	surrounding
3.	处在	chǔzài	动	to be in (a certain position or state)
4.	形态	xíngtài	名	form, state
5.	其他	qítā	代	other, else
6.	生成	shēngchéng	动	to produce, to generate
7.	沸腾	fèiténg	动	to boil, to bubble
8.	汽油	qìyóu	名	gasoline
9.	挥发	huīfā	动	to volatilize
10.	燃烧	ránshāo	动	to burn
11.	木材	mùcái	名	wood, timber
12.	生锈	shēng xiù		to rust
13.	邻边	línbiān	名	adjacent side
14.	对边	duìbiān	名	opposite side
15.	菱形	língxíng	名	rhombus
16.	组	zǔ	名	group

第一部分 听力训练
Part 1 Listening Practice

词语练习 Vocabulary Exercises

1 听后跟读（每个词语听两遍）

Read after the recording. (Each word or expression will be read twice.)

（1）　　　　（6）

（2）　　　　（7）

（3）　　　　（8）

（4）　　　　（9）

（5）　　　　（10）

2 在你听到的词语前面画√（每个词语听两遍）

Put a √ in front of each word or expression you hear. (Each word or expression will be read twice.)

（1）A. wùzhì	B. wùtǐ	（6）A. shēng xiù	B. yōuxiù
（2）A. wúlì	B. wùlǐ	（7）A. xíngzhuàng	B. xíngtài
（3）A. qìyóu	B. qìtǐ	（8）A. mùcái	B. bùcái
（4）A. fèiténg	B. wèi téng	（9）A. zhōuwéi	B. zhōucháng
（5）A. duìmiàn	B. duìbiān	（10）A. línbiān	B. qiánbiān

3 在你听到的词语前面画√（每个词组听两遍）

Put a √ in front of each word or expression you hear. (Each phrase will be read twice.)

（1）A. 物体	B. 物质	（6）A. 平行	B. 垂直
（2）A. 沸腾	B. 胃疼	（7）A. 等式	B. 等于
（3）A. 变化	B. 改变	（8）A. 未知	B. 已知
（4）A. 对面	B. 对边	（9）A. 不相等	B. 不相交
（5）A. 燃烧	B. 发烧	（10）A. 邻边相等	B. 对边相等

句子练习 Sentence Exercises

1 根据录音内容判断对错，对的画√，错的画×（每个词组或句子听两遍）5-5

Decide whether the following statements are true or false according to the recording. True: √; false: ×. (Each phrase or sentence will be read twice.)

（1）在等式$7x-5=8$中 （ ）

（2）字母y也表示一个数。 （ ）

（3）这句话告诉我们什么是方程。 （ ）

（4）世界上的物质处在不断地变化中。 （ ）

（5）有些变化生成了其他物体。 （ ）

（6）铁的生锈是物理变化。 （ ）

（7）水的沸腾不是化学变化。 （ ）

（8）这句话告诉我们什么是菱形。 （ ）

（9）这句话说明了长方形和正方形的关系。 （ ）

（10）等式中，8、-9和10都是已知数。 （ ）

2 根据录音内容选择正确答案（每个句子听两遍）5-6

Choose the correct answers according to the recording. (Each sentence will be read twice.)

（1）A. 一个　　B. 两个　　C. 三个

（2）A. 方程　　B. 未知数　　C. 已知数

（3）A. 一样多　　B. 已知数多　　C. 未知数多

（4）A. 物质处在不断变化中
B. 铁的生锈是物理变化
C. 木材的燃烧是化学变化

（5）A. 物质的物理变化
B. 物质的化学变化
C. 物质的物理变化和化学变化

（6）A. 什么是两条线垂直
B. 什么是两条线相交
C. 什么是两条线平行

（7）A. 有一个直角，一组对边相等
B. 有一个直角，一组邻边相等
C. 有一个直角，一组对边平行

（8）A. 矩形的特点　B. 平行四边形的特点　C. 直角的特点

短文理解 Passage Comprehension

1 听短文，根据短文内容选择正确答案（每段短文听两遍）

Listen to the passages and choose the correct answers. (Each passage will be read twice.)

短文1 Passage 1 5-7

（1）A. 等式　B. 已知数和未知数的关系　C. 方程

（2）A. 已知数　B. 未知数　C. 字母x

短文2 Passage 2 5-8

（1）A. 物质　B. 物体　C. 变化

（2）A. 一种　B. 两种　C. 三种

2 听短文，根据短文内容选择正确答案（短文听两遍） 5-9

Listen to the passage and choose the correct answers. (The passage will be read twice.)

（1）A. 直线　B. 线段　C. 射线

（2）A. 长方形　B. 正方形　C. 平行四边形

（3）A. 两种　B. 三种　C. 四种

第二部分 口语练习 Part 2 Oral Practice

1 用自己的话解释下列概念

Explain the following concepts in your own words.

（1）化学变化

（2）物理变化

（3）方程

2 用自己的话简单说明下列图形之间的关系

Briefly explain the relationships between the following geometric figures in your own words.

（1）平行四边形和菱形

（2）矩形和正方形

趣味题 Problems for fun

1. 美国作家马克·吐温喜欢开玩笑。一次他来到一座教堂听牧师布教。马克·吐温觉得牧师讲得很没意思，就说："你讲的这些我们早就知道，你说的每一个字我在一本书上都看过。"牧师听后很不高兴："不可能！我的讲演是独一无二的！""可我真的在那本书上看过你说的每一个字啊！"牧师很生气，说："那好，你把那本书拿来给我看看！"几天后，牧师真的收到了马克·吐温寄来的书。他看过之后，哭笑不得。你知道马克·吐温寄的是什么书吗？

2. 一天，小花在路上走的时候看到地上有一张一百元钱却没有捡起来，为什么？

第六课 Lesson 6

位置与方向 Location and Direction

学习目标 Objectives

1. 掌握表示方向的专业词汇
2. 掌握直线、线段等位置关系的汉语表达方法

词语表 New words and expressions 6-1

1.	水平	shuǐpíng	名	horizontal, level
2.	竖直	shùzhí	形	vertical, upright
3.	向	xiàng	介	towards, to
4.	平行	píngxíng	形	parallel
5.	垂直	chuízhí	形	perpendicular
6.	重力	zhònglì	名	gravity
7.	支持	zhīchí	动	to sustain, to support
8.	起点	qǐdiǎn	名	starting point
9.	视线	shìxiàn	名	line of sight
10.	假想	jiǎxiǎng	动、名	to hypothesize; hypothesis
11.	落	luò	动	to fall, to drop
12.	抛	pāo	动	to throw, to toss, to fling
13.	受	shòu	动	to receive, to accept
14.	仅	jǐn	副	only
15.	中点	zhōngdiǎn	名	midpoint
16.	方向	fāngxiàng	名	direction
17.	且	qiě	连	and, also
18.	上方	shàng fāng		above

19.	线段	xiànduàn	名	line segment
20.	过	guò	动	to pass, to cross
21.	所	suǒ	助	*a particle used before a verb to indicate passive voice*
22.	下方	xià fāng		below
23.	已知	yǐ zhī		known
24.	终点	zhōngdiǎn	名	end point
25.	仰角	yǎngjiǎo	名	angle of elevation
26.	俯角	fǔjiǎo	名	angle of depression

第一部分 听力训练
Part 1 Listening Practice

词语练习 Vocabulary Exercises

1 用拼音写出你听到的词语（每个词语听两遍）

Write down the words you hear in *pinyin*. (Each word will be read twice.)

（1）________　　（6）________

（2）________　　（7）________

（3）________　　（8）________

（4）________　　（9）________

（5）________　　（10）________

2 在你听到的词语前面画√（每个词语听两遍）

Put a √ in front of each word or expression you hear. (Each word or expression will be read twice.)

（1）A. shìxiàn　B. síxiàn　　（6）A. zíxiàn　B. zhíxiàn

（2）A. luò　B. nuò　　（7）A. jiǎo　B. zhǎo

（3）A. pǎo　B. pāo　　（8）A. fāngxiàng　B. fāngxiàn

（4）A. jìn　B. jǐn　　（9）A. jiě　B. qiě

（5）A. zhōngdiǎn　B. zhòngdiǎn　　（10）A. chuízhí　B. chuīzhī

3 听后跟读（每个词组听两遍）

Read after the recording. (Each phrase will be read twice.)

（1）竖直向上

（2）落回手中

（3）在水平线上方

（4）与水平面平行

（5）抛出苹果

（6）向下的重力

（7）过直线外一点

（8）线段 AA' 的中点

句子练习 Sentence Exercises

1 根据录音内容判断对错，对的画√，错的画×（每个句子听两遍）

Decide whether the following statements are true or false according to the recording. True: √; false: ×. (Each sentence will be read twice.)

（1）现代汽车速度很快。（ ）

（2）视线是眼睛看物体时，眼睛和物体之间的假想直线。（ ）

（3）与水平面平行的线叫做水平线。（ ）

（4）坐在汽车上，向前抛出苹果，苹果会落回手中。（ ）

（5）放在桌子上的书，受到向下的重力和桌子表面对它向上的支持力。（ ）

（6）过直线外一点有且仅有一条直线与直线平行。（ ）

（7）点 O 是线段 AA' 外的一点。（ ）

（8）书包在桌子上方。（ ）

2 根据录音内容选择正确答案（每个词组或句子听两遍）

Choose the correct geometric figures or illustrations according to the recording. (Each phrase or sentence will be read twice.)

（1）

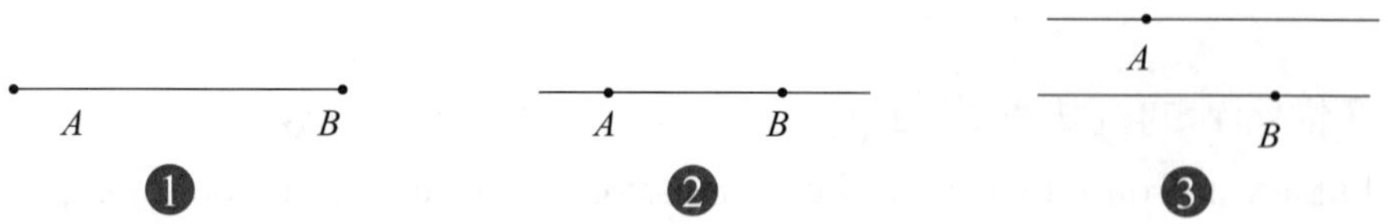

（2）

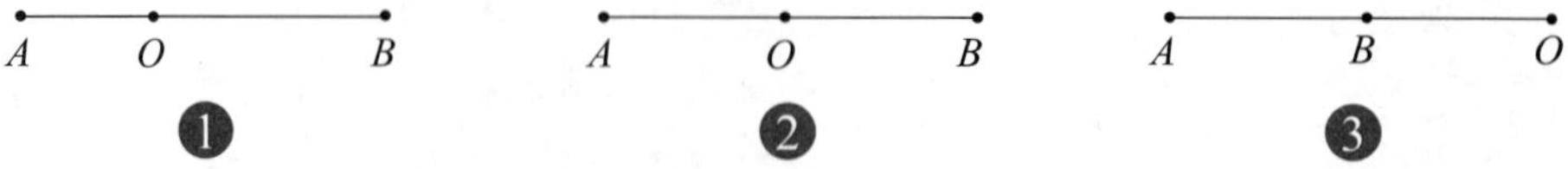

（3）

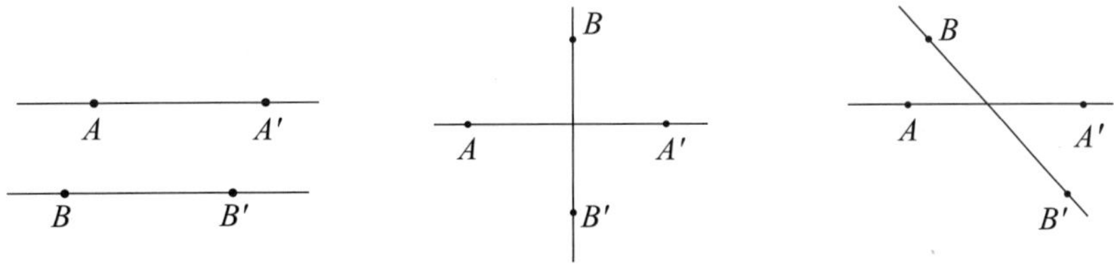

❶　❷　❸

（4）

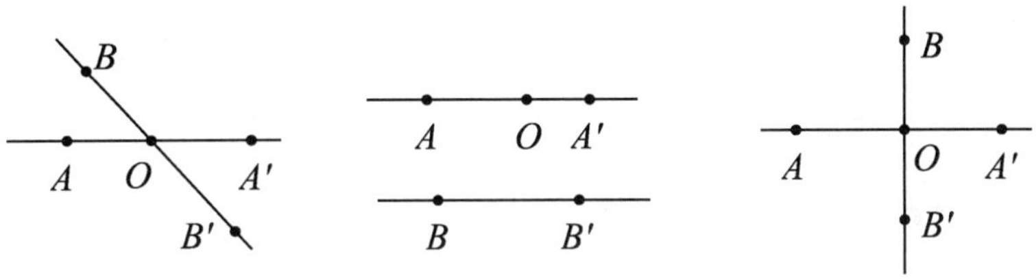

❶　❷　❸

（5）

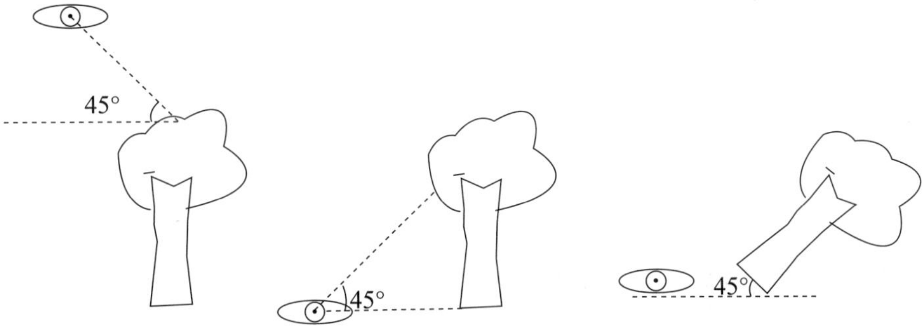

❶　❷　❸

（6）

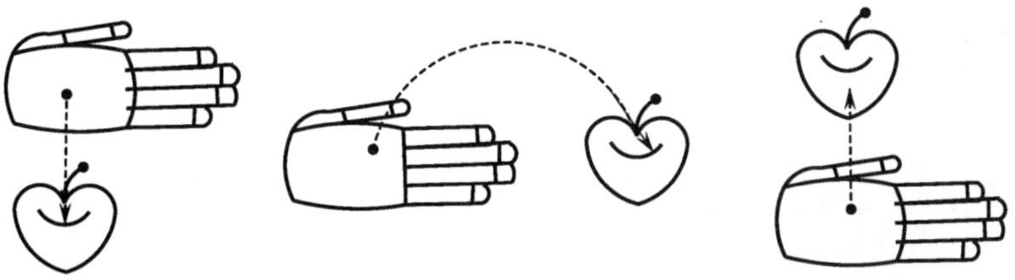

❶　❷　❸

（7）

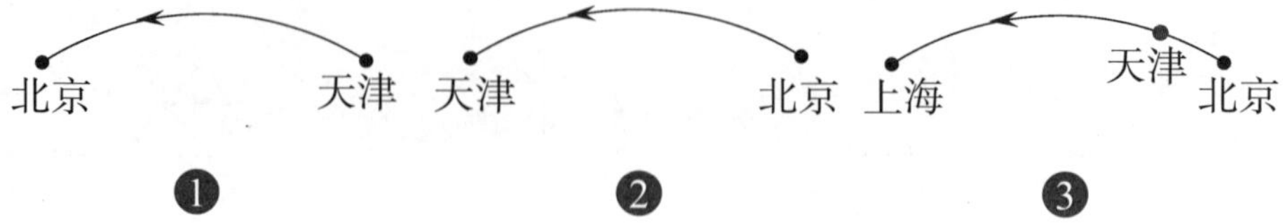

（8）

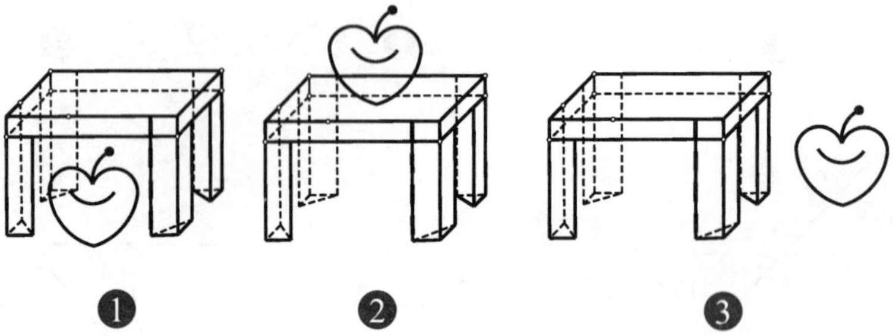

3 按照录音指令完成任务（每个指令听两遍）

Complete the tasks as required in the recording. (Each one will be read twice.)

（1）

（2）

（3）

（4）

（5）

短文理解 Passage Comprehension

1 听短文，根据短文内容判断对错，对的画√，错的画×（每段短文听两遍）

Listen to the passages and decide whether the following statements are true or false. True: √; false: ×. (Each passage will be read twice.)

短文1 Passage 1

（1）苹果落回手中，因为苹果太重。 （ ）

（2）苹果受到地球向下的重力。 （ ）

短文2 Passage 2

（1）AA'是一条直线。 （ ）

（2）点B不在直线AA'上。 （ ）

2 听短文，根据你听到的内容填空（短文听两遍）

Listen to the passage and fill in the blanks. (The passage will be read twice.)

在视线和水平线所成的角中，视线在水平线____________的是仰角，视线在水平线____________的是俯角。

第二部分 口语练习
Part 2 Oral Practice

说一说

Let's talk.

（1）桌子上放着一本书，请你说一说这本书的受力情况。

（2）说一说在下面的图形中，点和线、线和线之间是什么关系。

①

②

③

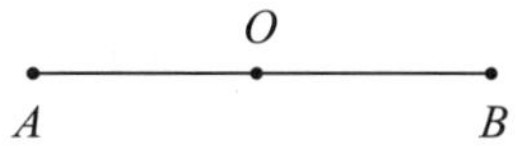

④

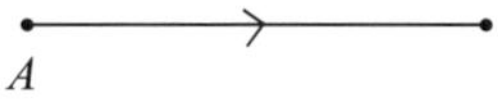

⑤

⑥

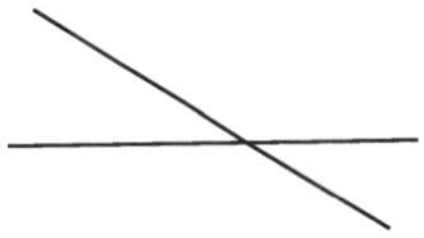

⑦

⑧

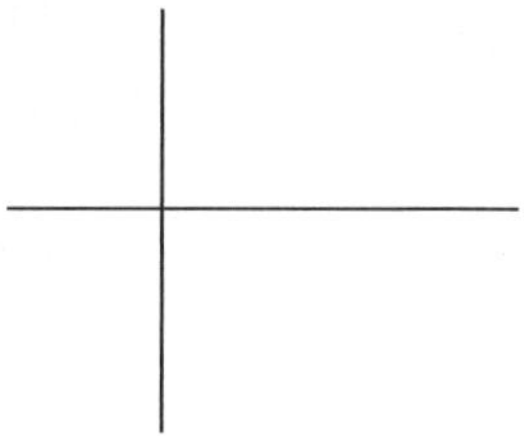

趣味题 A problem for fun

在长江上，一艘轮船正在往前开，它的速度是每小时10公里，船上冒出来的烟是笔直的。你认为会出现这种现象吗？在什么条件下能出现这样的现象？

第七课 Lesson 7

异同与比例 Similarity, Difference and Proportion

学习目标 Objectives

掌握表示异同与比例的常用格式：

（1）……跟/与……成正比/反比

（2）……跟/与……相同/不同

（3）……跟/与……有关/无关

词语表 New words and expressions

1.	加速度	jiāsùdù	名	acceleration
2.	正比	zhèngbǐ	名	direct ratio
3.	质量	zhìliàng	名	mass
4.	反比	fǎnbǐ	名	inverse ratio
5.	导体	dǎotǐ	名	conductor
6.	电流	diànliú	名	electric current
7.	电压	diànyā	名	electric voltage
8.	电阻	diànzǔ	名	electric resistance
9.	有关	yǒuguān	动	to be related to
10.	无关	wúguān	动	to be unrelated to
11.	材料	cáiliào	名	material
12.	任何	rènhé	代	any, whatever, whichever
13.	阻力	zǔlì	名	resistance
14.	行驶	xíngshǐ	动	(of a vehicle, ship, etc.) to go, to travel
15.	路程	lùchéng	名	distance travelled, journey

16.	密度	mìdù	名	density
17.	大小	dàxiǎo	名	magnitude, size
18.	外力	wàilì	名	external force
19.	看法	kànfǎ	名	opinion

第一部分 听力训练
Part 1 Listening Practice

词语练习 Vocabulary Exercises

1 用拼音写出你听到的词语（每个词语听两遍）

Write down the words you hear in *pinyin*. (Each word will be read twice.)

（1）____________　　（6）____________

（2）____________　　（7）____________

（3）____________　　（8）____________

（4）____________　　（9）____________

（5）____________　　（10）____________

2 在你听到的词语前面画√（每个词语听两遍）

Put a √ in front of each word or expression you hear. (Each word or expression will be read twice.)

（1）	A. yǒuguān	B. yǒuguāng	（6）	A. xíngshǐ	B. xíngshǔ
（2）	A. dǎxiǎo	B. dàxiǎo	（7）	A. wàilì	B. wèilì
（3）	A. mócā	B. móchā	（8）	A. zhìliàng	B. zìliàng
（4）	A. rèhé	B. rènhé	（9）	A. xiāngfěn	B. xiāngfǎn
（5）	A. zúlǐ	B. zǔlì	（10）	A. wǔguān	B. wúguān

3 听后跟读（每个词组听两遍）

Read after the recording. (Each phrase will be read twice.)

（1）摩擦力的方向
（2）电阻大小
（3）导体的质量
（4）液体的压强
（5）空气阻力
（6）正比关系
（7）地面上的物体
（8）受到的重力
（9）地面的支持力
（10）速度一定

句子练习 Sentence Exercises

1 听后跟读（每个句子听两遍）

Read after the recording. (Each sentence will be read twice.)

（1）他不喜欢看电影，我跟他相反，我很喜欢看电影。
（2）她觉得这件衣服很好看，我的看法跟她的相同，我也觉得这件衣服很好看。
（3）地面上的物体受到的重力与地面的支持力大小相同、方向相反。
（4）他身体很好，跟他喜欢运动有关。
（5）这是我自己的事，跟他无关。
（6）电阻大小跟导体材料有关，跟导体的质量无关。
（7）苹果价格一定，所买苹果的数量和所花的钱成正比。
（8）一万块钱分给大家，参加的人数和每个人得到的钱数成反比。
（9）物体运动的加速度与它所受的力成正比，与它的质量成反比。

2 根据录音内容选择填空（每个句子听两遍）

Choose the correct words or phrases to fill in the blanks according to the recording. (Each sentence will be read twice.)

（1）__________与__________相反。

A. 摩擦力的方向　　B. 摩擦的方向
C. 物体的方向　　D. 物体运动的方向

（2）桌面上的物体受到的__________与桌面的支持力__________相同、方向相反。

A. 重量　　B. 重力　　C. 大小　　D. 大笑

（3）汽车行驶中，空气__________与汽车的速度__________。

A. 阻力　　B. 总力　　C. 无关　　D. 有关

（4）电阻大小跟导体的__________无关，跟__________材料有关。

A. 导体　　B. 身体　　C. 质量　　D. 力量

（5）汽车每小时__________的速度一定，它行驶的__________与时间成正比。

A. 形式　　B. 行驶　　C. 路程　　D. 路

（6）物体运动的__________与它所受的力是正比关系，与它的质量是__________关系。

A. 加速度　　B. 速度　　C. 相反　　D. 反比

3 根据录音内容选择正确答案（每个句子听两遍）

Choose the correct answers according to the recording. (Each sentence will be read twice.)

（1）A. 相同　　B. 相反

（2）A. 相同　　B. 相反

（3）A. 有关　　B. 无关

（4）A. 有关　　B. 无关

（5）A. 正比　　B. 反比

（6）A. 正比　　B. 反比

短文理解 Passage Comprehension

听短文，根据短文内容判断对错，对的画√，错的画×（每段短文听两遍）

Listen to the passages and decide whether the following statements are true or false. True: √; false: ×. (Each passage will be read twice.)

短文1　Passage 1

（1）电阻大小跟导体大小有关。（　）

（2）电阻大小跟导体的质量没有关系。（　）

短文2　Passage 2

（1）苹果受到的桌面的支持力是3牛顿。（　）

（2）桌面对苹果的支持力是向下的。（　）

短文3　Passage 3

（1）在任何情况下，汽车行驶的时间与行驶的路程都成正比。（　）

（2）路程一定，汽车的速度与所用的时间相反。（　）

第二部分 口语练习
Part 2 Oral Practice

1 说一说

Let's talk.

（1）你的汉语水平跟什么有关？跟什么无关？

（2）一个物体运动时，它运动的加速度的大小与它的质量、它所受到的力有什么样的关系？

（3）生活中哪些事物之间是正比关系？哪些事物之间是反比关系？

2 用所给的词语给下列句子换一种说法，要求意思不变

Say each of the following sentences in another way with the word given in the brackets and remember not to change the meaning of the sentence.

（1）我往东走，她往西走。（相反）

（2）物体放在地上，它受到的重力是40牛顿，地面对它的支持力也是40牛顿。（相同）

（3）液体的密度不同，压强也就不同。（有关）

（4）物体的大小不影响它的密度。（无关）

（5）工作的时间越长，得到的工资越高。（正比）

（6）从天津大学到南开大学，他跑得越快，用的时间越短。（反比）

趣味题 A problem for fun

今天早上小王丢了19元钱，又捡到8元钱，请问今天小王丢了多少钱？为什么？

第八课 Lesson 8

运算与操作（数学） Calculation and Operation (Mathematics)

学习目标 Objectives

1. 掌握数学运算常用操作词语
2. 能听懂数学运算操作要求

词语表 New words and expressions

8-1

1.	圆心	yuánxīn	名	centre of a circle
2.	弧	hú	名	circular arc
3.	任意	rènyì	形	arbitrary, random
4.	求证	qiúzhèng	动	to seek proof or confirmation
5.	得出	déchū		to obtain (a result)
6.	根据	gēnjù	介	according to, based on
7.	步骤	bùzhòu	名	step, procedure
8.	证明	zhèngmíng	动	to prove
9.	过程	guòchéng	名	process
10.	平移	píngyí	动	to translate, to move translationally
11.	命题	mìngtí	名	proposition
12.	几何	jǐhé	名	geometry
13.	按照	ànzhào	介	according to, in the light of
14.	截取	jiéqǔ	动	to cut out, to get by intercepting
15.	分析	fēnxī	动	to analyse
16.	翻	fān	动	to turn over
17.	途径	tújìng	名	way, channel
18.	余数	yúshù	名	remainder

19.	折	zhé	动	to fold
20.	推导	tuīdǎo	动	to deduce
	推	tuī	动	to deduce
21.	全等	quánděng	形	congruent
22.	明确	míngquè	形	clear and definite
23.	结合	jiéhé	动	to combine with

第一部分 听力训练
Part 1 Listening Practice

词语练习 Vocabulary Exercises

1 在你听到的词语前面画√（每个词语听两遍）

Put a √ in front of each word or expression you hear. (Each word or expression will be read twice.)

（1）A. píngyí	B. bíngyí	（6）A. guòchéng	B. kèchéng
（2）A. yuánxīn	B. yuánxíng	（7）A. shēngmíng	B. zhèngmíng
（3）A. túxíng	B. bùxíng	（8）A. mìngtí	B. wèntí
（4）A. jiéqǔ	B. yěxǔ	（9）A. bùzhōu	B. bùzhòu
（5）A. tīngdào	B. tuīdǎo	（10）A. tújìng	B. túxíng

2 在你听到的词语前面画√，可以选一个或两个（每个词组听两遍）

Put a √ in front of the words you hear. You may tick one or two words. (Each phrase will be read twice.)

（1）A. 化学	B. 问题	（6）A. 已经	B. 圆心
（2）A. 几何	B. 命题	（7）A. 沿	B. 翻折
（3）A. 推出	B. 得出	（8）A. 求证	B. 一直
（4）A. 线段	B. 直线	（9）A. 截取	B. 证明
（5）A. 步骤	B. 过程	（10）A. 容易	B. 任意

句子练习 Sentence Exercises

1 听录音，判断下列句子是否和你听到的句子完全一样，一样画√，不一样画×（每个句子听两遍）

Listen to the recording and judge if each of the following sentences is exactly the same as what you hear. If so, put a √ after it; if not, put a ×. (Each sentence will be read twice.)

（1）用2除17，得到余数1。（　　）

（2）用6除7，得到余数1。（　　）

（3）用4除35，得到余数3。（　　）

（4）以点*O*为圆心，任意长为半径画圆。（　　）

（5）根据题意，画出弧形。（　　）

（6）用数学符号表示已知和求证。（　　）

（7）在直线*OA*上，截取线段*OC*。（　　）

（8）找出由已知推出求证的途径。（　　）

（9）利用全等图形的性质，可以证明线段相等或角相等。（　　）

2 听录音，选择符合录音内容的图形（每个句子听两遍）

Listen to the recording and choose the right geometric figures. (Each sentence will be read twice.)

（1）

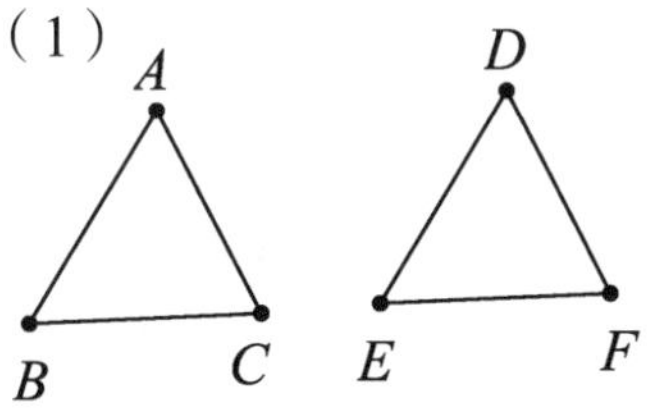

❶

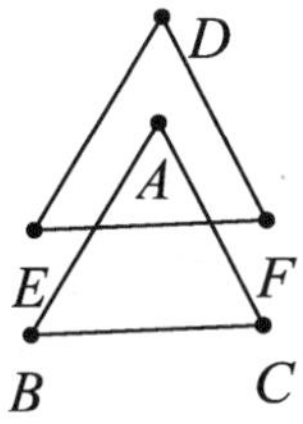

❷

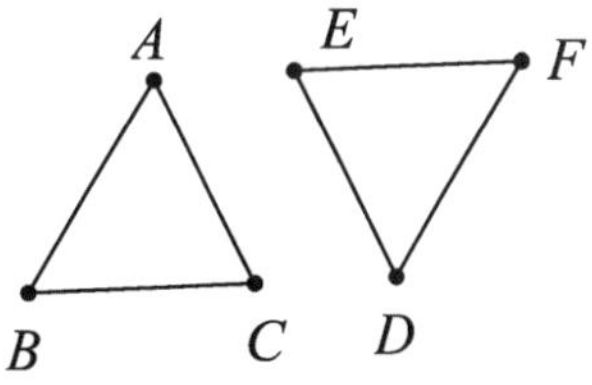

❸

（2）

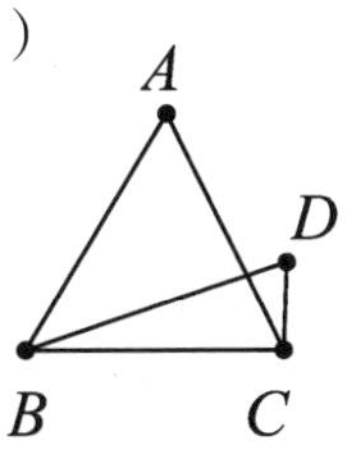

❶

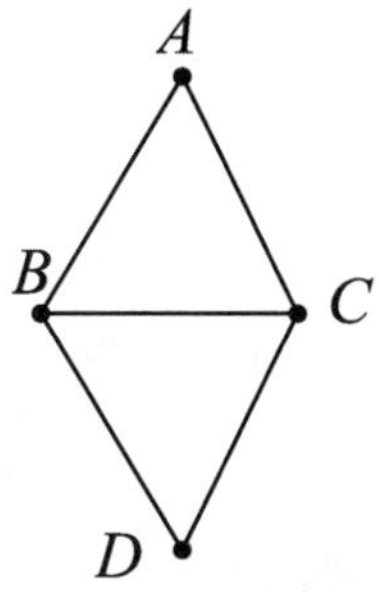

❷

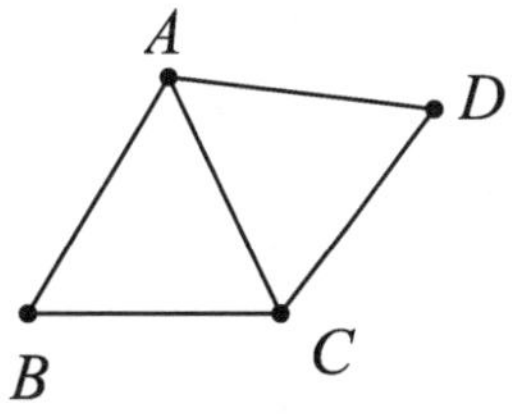

❸

（3）

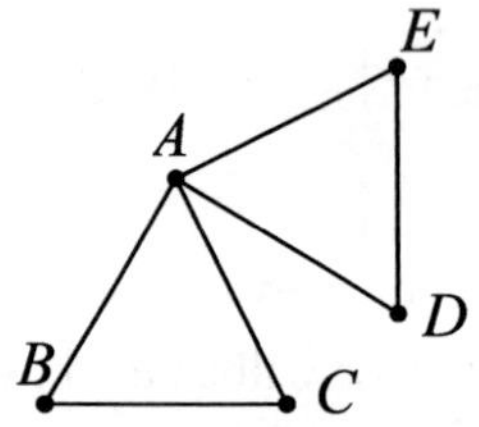

❶

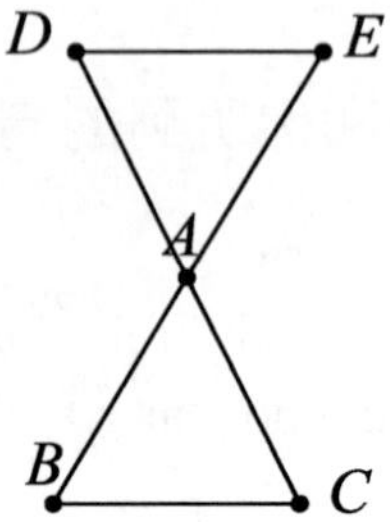

❷

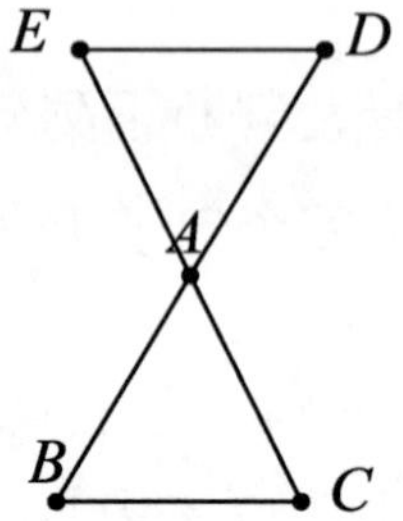

❸

（4）

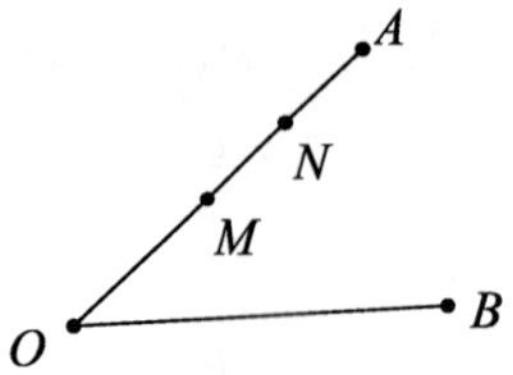

❶

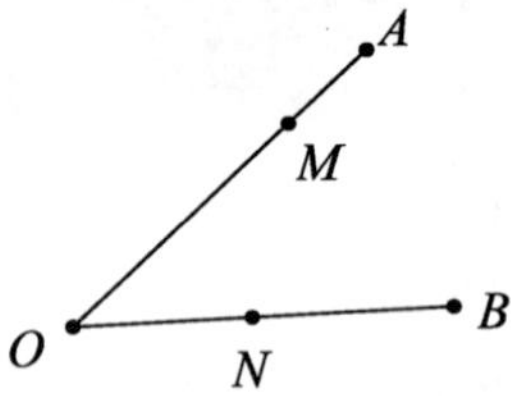

❷

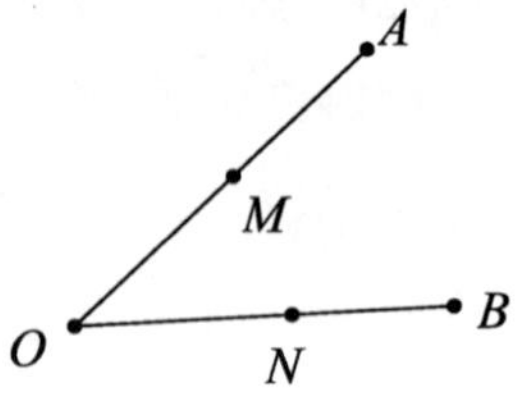

❸

（5）

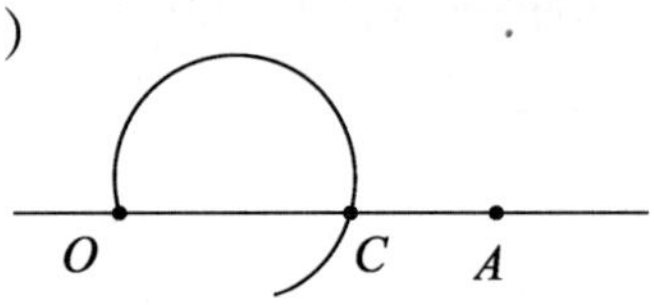

❶

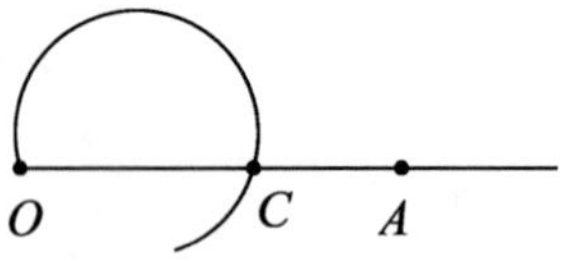

❷

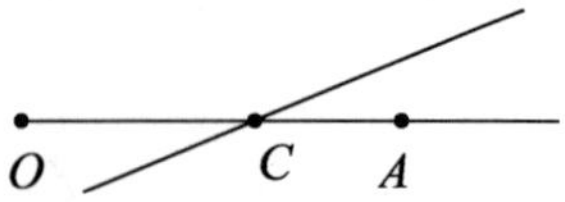

❸

（ 6 ）

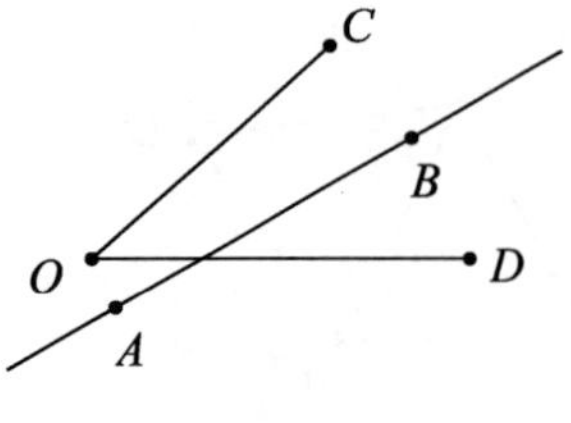

❶

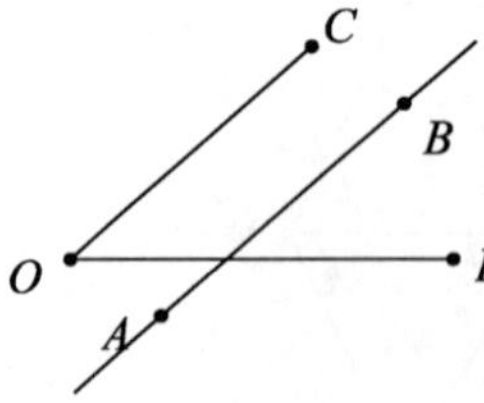

❷

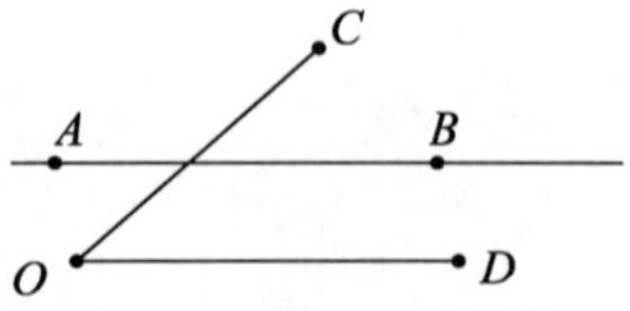

❸

3 听录音，画图形（每个句子听三遍）8-6

Listen to the recording and draw the geometric figures. (Each sentence will be read three times.)

（1）

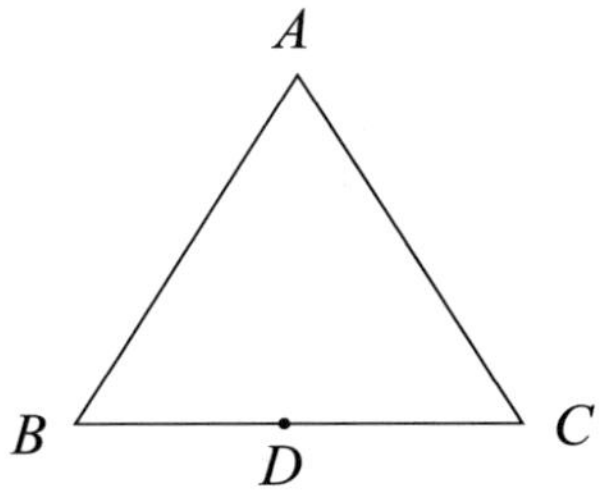

（4）

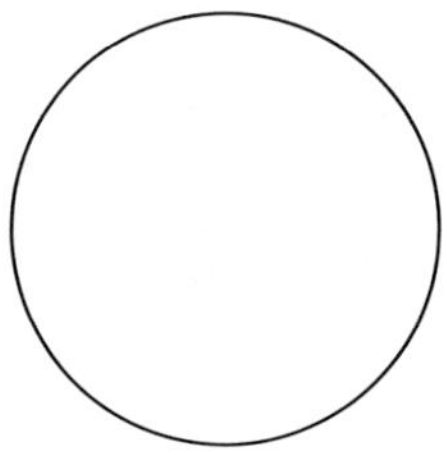

（2）

（5）

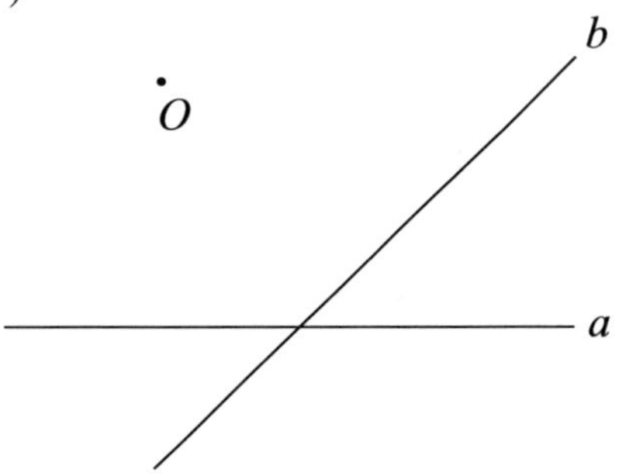

（3）

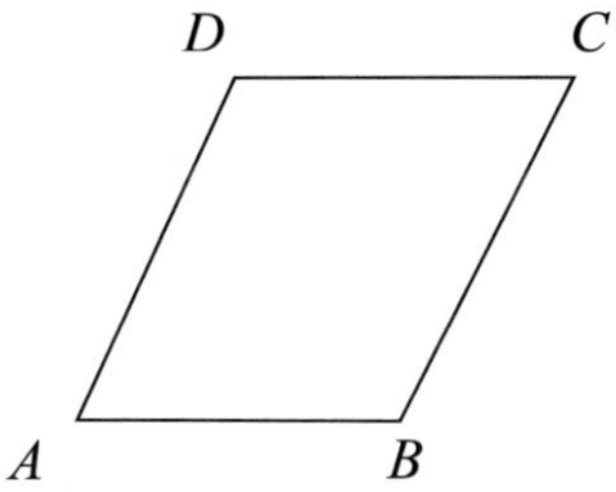

短文理解 Passage Comprehension

1 听短文，根据短文内容判断对错，对的画√，错的画×（短文听两遍）8-7

Listen to the passage and decide whether the following statements are true or false. True: √; false: ×. (The passage will be read twice.)

（1）短文内容是证明几何命题的一般步骤。　（　　）

（2）短文一共提到三个步骤。　（　　）

（3）证明命题时首先要明确已知和求证。　　（　　）

（4）经过分析，找出由已知推出求证的途径，这是第二步。　　（　　）

2 听短文，根据短文内容选择正确答案（每段短文听两遍）

Listen to the passages and choose the correct answers. (Each passage will be read twice.)

短文1　Passage 1

（1）A. 线段相等　　B. 角相等　　C. A和B

（2）A. 全等三角形的性质

B. 全等三角形的判定方法

C. 全等三角形的线段

（3）A. 它们的对应边相等或对应角相等

B. 它们的对应面积相等

C. A和B

短文2　Passage 2

（1）A. 作平行线的方法　　B. 作平分线的方法　　C. 作平分角的方法

（2）A. 2个弧　　B. 3个弧　　C. 不知道

（3）A. $\angle AOB$ 的内部　　B. $\angle AOB$ 的外部　　C. 线段OA上

第二部分 口语练习
Part 2 Oral Practice

说一说

Let's talk.

（1）怎样画$\angle AOB$的平分线？

（2）根据示例，说出“判断35是否为质数”的步骤。

只能被1和自身整除的大于1的整数叫质数。

“判断7是否为质数”的步骤是：

第一步，用2除7，得到余数1。因为余数不为0，所以2不能整除7。
第二步，用3除7，得到余数1。因为余数不为0，所以3不能整除7。
第三步，用4除7，得到余数3。因为余数不为0，所以4不能整除7。
第四步，用5除7，得到余数2。因为余数不为0，所以5不能整除7。
第五步，用6除7，得到余数1。因为余数不为0，所以6不能整除7。
因此，7是质数。

趣味题 A problem for fun

从下面的图形中，减去4条短线，使图形只剩下5个三角形，说一说应该怎么做。

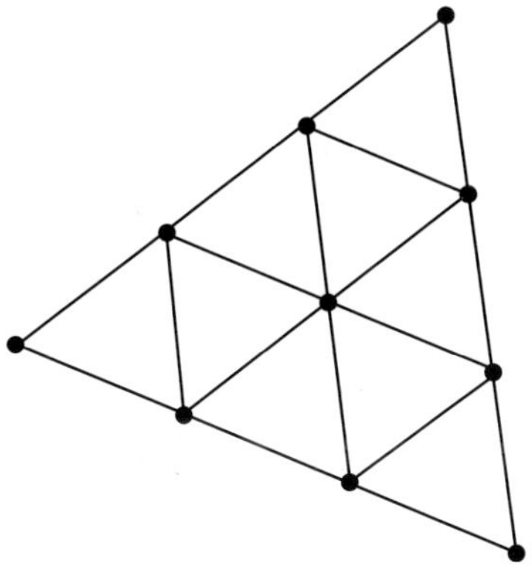

第九课 Lesson 9

运算与操作（物理）
Calculation and Operation (Physics)

学习目标 Objectives

1. 听懂用汉语表述的简单的物理操作过程
2. 会用汉语表述简单的物理操作过程

词语表 New words and expressions

1.	选	xuǎn	动	to pick, to choose
2.	重心	zhòngxīn	名	centre of gravity
3.	悬挂	xuánguà	动	to hang
4.	确定	quèdìng	动	to determine
5.	通过	tōngguò	动	to pass through
6.	箭头	jiàntóu	名	arrowhead, arrow
7.	标	biāo	动	to mark
8.	测量	cèliáng	动	to survey, to measure
9.	进行	jìnxíng	动	to do, to conduct
10.	指向	zhǐxiàng	名	direction that is being pointed to
11.	顶	dǐng	动	to head (a ball)
12.	箭尾	jiànwěi	名	arrow tail
13.	薄板	báobǎn	名	lamella, sheet
14.	定则	dìngzé	名	rule
15.	竖	shù	形、动	vertical; to set upright
16.	合成	héchéng	动	to mix, to compound
17.	有向	yǒuxiàng	形	directed
18.	铅	qiān	名	lead (Pb)

19.	踢	tī	名	to kick
20.	制造	zhìzào	动	to manufacture, to make
21.	查出	cháchū		to find out
22.	合力	hélì	名	resultant force
	合	hé	动	to join, to combine

第一部分 Part 1　听力训练 Listening Practice

词语练习 Vocabulary Exercises

1 在你听到的词语前面画√（每个词语听两遍）

Put a √ in front of each word or expression you hear. (Each word or expression will be read twice.)

（1）A. quèdìng　　B. juédìng
（2）A. hēchéng　　B. héchéng
（3）A. cìliáng　　B. cèliáng
（4）A. tōngguò　　B. jīngguò
（5）A. jiàn　　B. jiǎn
（6）A. biāo　　B. biǎo
（7）A. zhòngxīn　　B. zhōngxīn
（8）A. zhǐxiàng　　B. zhǐxiāng
（9）A. tí　　B. tī
（10）A. qīdiǎn　　B. qǐdiǎn

2 用拼音写出你听到的词语（每个词语听两遍）

Write down the words you hear in *pinyin*. (Each word will be read twice.)

（1）________　　（6）________
（2）________　　（7）________
（3）________　　（8）________
（4）________　　（9）________
（5）________　　（10）________

3 在你听到的词语前面画√（每个词组听两遍）

Put a √ in front of each word or expression you hear. (Each phrase will be read twice.)

（1）A. 中心	B. 重心	（6）A. 七点	B. 起点
（2）A. 面积	B. 指向	（7）A. 箭头	B. 箭尾
（3）A. 终点	B. 起点	（8）A. 黑板	B. 薄板
（4）A. 有向	B. 直线	（9）A. 一定	B. 确定
（5）A. 听	B. 顶	（10）A. 作用力	B. 作用里

句子练习 Sentence Exercises

1 根据录音内容判断对错，对的画√，错的画×（每个句子听两遍）

Decide whether the following statements are true or false according to the recording. True: √; false: ×. (Each sentence will be read twice.)

（1）有4个学生参加比赛。（ ）
（2）力可以用带箭头的线段来表示。（ ）
（3）线段的指向表示力的大小。（ ）
（4）力的作用点应该用箭尾表示。（ ）
（5）薄板重心的位置可以通过两次悬挂来确定。（ ）
（6）在A点把物体悬挂起来，通过A点画一条水平线AB。（ ）
（7）薄板的重心在两条直线的交点处。（ ）
（8）求多个作用力的合力，可以利用平行四边形定则。（ ）
（9）把一些力合成进去，就可以得到多个作用力的合力。（ ）
（10）要知道金属球是否用铅制造的，应先求出它的质量。（ ）

2 根据录音内容选择正确答案（每个句子听两遍）

Choose the correct answers according to the recording. (Each sentence will be read twice.)

（1）A. 力的大小　B. 力的方向　C. 力的作用
（2）A. 两个　B. 三个　C. 四个
（3）A. 经过观察　B. 经过测量　C. 经过计算
（4）A. 比较金属球与金属铅的质量
B. 比较金属球和金属铅的体积
C. 比较金属球和金属铅的密度

（5）A. 力的大小和方向　B. 力的大小和方式　C. 力的长短和方向
（6）A. 运动员踢球　B. 运动员接球　C. 运动员顶球
（7）A. 查出物体的体积　B. 查出物体的密度　C. 用密度乘以物体的体积

短文理解 Passage Comprehension

1 听短文，根据短文内容判断对错，对的画√，错的画×（短文听两遍）9-7

Listen to the passage and decide whether the following statements are true or false. True: √; false: ×. (The passage will be read twice.)

（1）在有向线段的起点画上箭头表示方向。（　　）
（2）根据短文，有向线段的终点是*B*。（　　）
（3）表示有向线段时，应该先写起点，后写终点。（　　）

2 听短文，根据短文内容选择正确答案（每段短文听两遍）

Listen to the passages and choose the correct answers. (Each passage will be read twice.)

短文1　Passage 1　9-8

（1）A. 两种　B. 三种　C. 不知道
（2）A. 改变了方向　B. 由运动变为静止　C. 运动状态改变了
（3）A. 踢球　B. 接住球　C. 用头顶球

短文2　Passage 2　9-9

（1）A. 带箭头的作用线　B. 带箭头的直线　C. 带箭头的线段
（2）A. 箭头和箭尾　B. 箭头或者箭尾　C. 只是箭尾
（3）A. 表示力的方法　B. 画作用线的方法　C. 画箭头的方法

短文3　Passage 3　9-10

（1）A. 通过选取点　B. 通过画直线　C. 通过两次悬挂
（2）A. 三个　B. 四个　C. 五个
（3）A. 怎样在薄板上选取悬挂点
B. 怎样确定薄板重心位置
C. 怎样悬挂薄板

第二部分 口语练习
Part 2 Oral Practice

说一说
Let’s talk.

（1）球的运动状态可能有几种变化？

（2）怎样可以知道一个球的体积的大小？

（3）怎样确定黑板擦的重心？

趣味题 A problem for fun

一个生日蛋糕，如果请你在蛋糕上切4次，最多可以切成多少块？

第十课 Lesson 10

运算与操作（化学）
Calculation and Operation (Chemistry)

学习目标 Objectives

1. 听懂用汉语表述的简单的化学操作过程
2. 会用汉语表述简单的化学操作过程

词语表 New words and expressions

1.	氧化	yǎnghuà	动	to oxidize
2.	还原	huányuán	动	to reduce, to deoxidate
3.	加入	jiārù	动	to add, to mix
4.	观察	guānchá	动	to observe, to watch
5.	反应	fǎnyìng	名	reaction
6.	燃	rán	动	to burn, to kindle
7.	得到	dédào	动	to get, to obtain
8.	失去	shīqù	动	to lose
9.	溶解	róngjiě	动	to dissolve
10.	变化	biànhuà	动	to change
11.	加热	jiārè	动	to heat up
12.	具有	jùyǒu	动	to possess, to have
13.	试管	shìguǎn	名	test tube
14.	代替	dàitì	动	to substitute, to replace
15.	稀	xī	形	diluted
16.	盐酸	yánsuān	名	hydrochloric acid
17.	硫酸	liúsuān	名	sulphuric acid
18.	木条	mùtiáo	名	batten, wood slat
19.	剧烈	jùliè	形	acute, severe

20.	铁	tiě	名	iron (Fe)
21.	镁	měi	名	magnesium (Mg)
22.	锌	xīn	名	zinc (Zn)
23.	铜	tóng	名	copper (Cu)

第一部分 听力训练
Part 1 Listening Practice

词语练习 Vocabulary Exercises

1 在你听到的词语前面画√（每个词语听两遍）

Put a √ in front of each word or expression you hear. (Each word or expression will be read twice.)

（1）A. méi　　B. mèi　　C. měi
（2）A. xī　　B. xǐ　　C. shì
（3）A. zhǐyǒu　　B. jùyǒu　　C. zìyóu
（4）A. jiā rù　　B. jiàrì　　C. jiā rè
（5）A. yǎnhuà　　B. yǎnghuà　　C. yǎnhuā
（6）A. lǐjiě　　B. róngjiě　　C. nǐjiě
（7）A. shīqù　　B. sǐqù　　C. xǐqù
（8）A. shìguǎn　　B. xíguàn　　C. xīguǎn
（9）A. jīliè　　B. zhùle　　C. jùliè
（10）A. háiyǒu　　B. huányuán　　C. háiyuǎn

2 在你听到的词语前面画√（每个词组听两遍）

Put a √ in front of each word or expression you hear. (Each phrase will be read twice.)

（1）A. 盐酸　　B. 硫酸
（2）A. 氧化　　B. 铜
（3）A. 观察　　B. 电话
（4）A. 变化　　B. 氧化
（5）A. 迟到　　B. 得到
（6）A. 反应　　B. 发音
（7）A. 房间里　　B. 试管里
（8）A. 盐酸　　B. 加入
（9）A. 溶解　　B. 剧烈
（10）A. 没有　　B. 镁

3 听录音，根据你听到的内容填空（每个句子听两遍）

Fill in the blanks according to the recording. (Each sentence will be read twice.)

（1）铁发生（　　　　）会生锈。

（2）铁跟水没有发生（　　　　）。

（3）气体的颜色发生了（　　　　）。

（4）氧化铁可以（　　　　）成铁。

（5）在试管里（　　　　）少量稀硫酸。

句子练习 Sentence Exercises

1 根据录音内容判断对错，对的画√，错的画×（每个句子听两遍）

Decide whether the following statements are true or false according to the recording. True: √; false: ×. (Each sentence will be read twice.)

（1）面条燃着了。（　　）

（2）试管里没有水。（　　）

（3）水里有硫酸了。（　　）

（4）铁生锈是发生了氧化。（　　）

（5）铜不会变成绿色。（　　）

（6）铁和铜不会变红。（　　）

（7）硫酸和锌发生了反应。（　　）

（8）盐酸和铁的反应不剧烈。（　　）

（9）弟弟不知道盐酸和镁会不会发生反应。（　　）

（10）还原反应的时候，硫酸铜得到别的东西。（　　）

2 根据录音内容选择正确答案（每个句子听两遍）

Choose the correct answers according to the recording. (Each sentence will be read twice.)

（1）A. 加热　　B. 加入硫酸　　C. 氧化

（2）A. 铜和铁　　B. 锌和铜　　C. 铁和锌

（3）A. 盐酸和铁　　B. 盐酸和镁　　C. 硫酸和镁

（4）A. 糖会溶解　　B. 水会变色　　C. 发生反应

（5）A. 氧化铜加热时　　B. 氧化铁加热时　　C. 氧化铁发生还原反应时

（6）A. 代替稀盐酸　　B. 和稀盐酸放在一起　　C. 做实验

短文理解 Passage Comprehension

听短文，根据短文内容选择正确答案（每段短文听两遍）

Listen to the passages and choose the correct answers. (Each passage will be read twice.)

短文1　Passage 1　10-7

（1）A. 一小块镁　　B. 两小块镁　　C. 两小块铁

（2）A. 稀盐酸　　B. 稀硫酸　　C. 燃着的小木条

（3）A. 气体　　B. 液体　　C. 稀盐酸

（4）A. 两个　　B. 三个　　C. 四个

短文2　Passage 2　10-8

（1）A. 两个　　B. 三个　　C. 不知道

（2）A. 气体的颜色　　B. 反应的剧烈程度　　C. 试管中

（3）A. 锌、铁和铜　　B. 稀硫酸　　C. 稀盐酸

第二部分 口语练习 Part 2 Oral Practice

1 根据示例，用所给的词语表达一个完整的意思

Follow the example and make a complete expression using each group of the words and/or structure given.

例如：铁、锌（用……代替……）

　　→用铁代替锌

（1）鸡蛋、肉　（用……代替……）

　　可乐、啤酒（用……代替……）

　　水、酒（用……代替……）

（2）试管、稀硫酸（加入）
试管、少量盐酸（加入）
杯子、一些糖（加入）
（3）锌、硫酸（反应）
镁、盐酸（反应）
铁、铜、水（反应）
（4）加热、氧化铁（还原）
氧化铜、加热（得到）
（5）镁、硫酸、反应（剧烈）
（6）糖、水中（溶解）
铁、酒（溶解）

2 回答问题

Answer the questions.

（1）铁在什么情况下会生锈？

（2）木条燃烧时会发生什么现象？

（3）如果有氧化铁，怎样可以得到氧气？

（4）在试管里加入什么东西，它们可以发生反应？

趣味题 A problem for fun

由8根牙签条组成一个鱼的图形，它的头指向右边。你能移动3根牙签和鱼的眼睛，让鱼头转到左边吗？

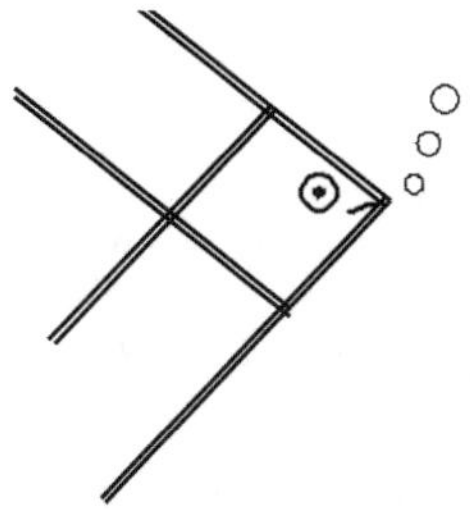

第十一课 Lesson 11

指令与要求 Instructions and Directions

学习目标 Objectives

1. 掌握下面的常用格式：

   先把……，再把……，最后求出/得出/解出……

2. 掌握对事物进行指令和要求时的常用汉语表达方法

词语表 New words and expressions

1.	移项	yíxiàng	动	to transpose, to remove a term to the other side of the equal-sign in solving an equation
2.	合并	hébìng	动	to combine, to merge
3.	同类项	tónglèixiàng	名	like terms, similar terms
4.	系数	xìshù	名	coefficient
5.	从而	cóng'ér	连	thus, consequently
6.	装	zhuāng	动	to load, to fill
7.	均匀	jūnyún	形	uniform, well-distributed
8.	倒回	dàohuí		to pour back into
9.	水滴	shuǐdī	名	water drop
10.	实验	shíyàn	名	experiment
11.	放置	fàngzhì	动	to put, to place
12.	放大	fàngdà	动	to magnify
13.	眼睛	yǎnjing	名	eye
14.	调节	tiáojié	动	to adjust
15.	微小	wēixiǎo	形	tiny
16.	酒精	jiǔjīng	名	alcohol
17.	混合体	hùnhétǐ	名	mixture
	混合	hùnhé	动	to mix

第一部分 听力训练
Part 1 Listening Practice

词语练习 Vocabulary Exercises

1 听录音，说出你听到的词语（每个词语听两遍）

Listen to the recording and say the words you hear. (Each word will be read twice.)

（1）	（6）
（2）	（7）
（3）	（8）
（4）	（9）
（5）	（10）

2 在你听到的词语前面画√（每个词语听两遍）

Put a √ in front of each word or expression you hear. (Each word or expression will be read twice.)

（1）A. wēixiǎo	B. wēixiào	（6）A. guānxi	B. guānxīn
（2）A. fàngdà	B. fàngxià	（7）A. bùfá	B. bùzhòu
（3）A. fēnzǐ	B. fēnmǔ	（8）A. bōli	B. bōdòng
（4）A. píqiú	B. píjiǔ	（9）A. fàngshang	B. fàngxia
（5）A. gēnhào	B. kuòhào	（10）A. jūnyún	B. jūnduì

3 在你听到的词语前面画√（每个词组听两遍）

Put a √ in front of each word or expression you hear. (Each phrase will be read twice.)

（1）A. 酒精	B. 啤酒	（6）A. 物质	B. 物体
（2）A. 根据	B. 根本	（7）A. 解	B. 节
（3）A. 关系	B. 系数	（8）A. 军队	B. 均匀
（4）A. 调节	B. 结束	（9）A. 滴在	B. 放在
（5）A. 杯子	B. 被子	（10）A. 除以	B. 乘以

句子练习 Sentence Exercises

1 听录音，判断下列句子是否和你听到的句子完全一样，一样画√，不一样画×（每个句子听两遍）11-5

Listen to the recording and judge if the following sentences are exactly the same as what you hear. If so, put a √ after it; if not, put a ×. (Each sentence will be read twice.)

（1）把一滴水滴在木板上。（　　）

（2）在两个大小不同的杯子里。（　　）

（3）我们开始做实验。（　　）

（4）再倒进前面的杯子里。（　　）

（5）慢慢调节水滴之间的距离。（　　）

（6）这种混合液体不能装满两只杯子了。（　　）

（7）另一个杯子装满啤酒。（　　）

（8）把酒精和水均匀混合。（　　）

（9）然后求出方程的解。（　　）

（10）你可以清楚地看到玻璃板下面的微小物体。（　　）

2 根据录音内容选择正确答案（每个句子听两遍）11-6

Choose the correct answers according to the recording. (Each sentence will be read twice.)

（1）A. 木板下面　B. 木板上面　C. 玻璃板下面

（2）A. 未知数　B. 等式　C. 性质

（3）A. 水珠　B. 水滴　C. 酒精

（4）A. 两个　B. 三个　C. 四个

（5）A. 整数　B. 小数　C. 系数

（6）A. 水和酒精　B. 水和汽油　C. 酒精和汽油

（7）A. 水滴上方　B. 水滴下方　C. 水滴前方

（8）A. 水　B. 汽油　C. 酒精

短文理解 Passage Comprehension

1 听短文，根据短文内容选择正确答案（每段短文听两遍）

Listen to the passages and choose the correct answers. (Each passage will be read twice.)

短文1　Passage 1 (11-7)

（1）A. 玻璃板上面　　B. 玻璃板下面　　C. 放大镜上面

（2）A. 水滴　　B. 放大镜　　C. 微小物体

短文2　Passage 2 (11-8)

（1）A. 方程的定义　　B. 方程的性质　　C. 解方程的方法

（2）A. 二元一次方程　　B. 一元二次方程　　C. 一元一次方程

2 听短文，根据短文内容判断对错，对的画√，错的画×（短文听两遍）(11-9)

Listen to the passage and decide whether the following statements are true or false. True: √; false: ×. (The passage will be read twice.)

（1）这段话中说的两个杯子大小一样。　　（　　）

（2）水和酒精的混合液体比原来的水和酒精少。　　（　　）

（3）酒精和汽油的混合液体也比原来的酒精和汽油少。　　（　　）

（4）有些混合液体和没混合前的液体比起来会有变化。　　（　　）

第二部分 口语练习
Part 2 Oral Practice

1 回答问题

Answer the questions.

（1）把一滴水滴在玻璃板上，在玻璃板下面放一个很小的物体。如果想要看清下面的小物体，应该怎么做？

（2）用自己的话说一说下面的实验过程：在两个大小相同的杯子里，一个装满水，另一个装满酒精。我们开始做实验：把两杯液体均匀混合后，再倒回原来的两个杯子里。结果，这种混合液体不能装满两只杯子了。我们再把一杯酒精和一杯汽油均匀混合，倒回原来的两个杯子里，这时，原来的两个杯子放不下酒精和汽油的混合体了。

2 用自己的话说一下解一元一次方程的步骤和方法

Talk about the steps and methods of solving a linear equation in one unknown in your own words.

趣味题 Problems for fun

1. 数学王国的很多奥秘都很有意思。请想一想，在算式62－63=1中，

（1）怎样只移动一个符号，使算式成立？

（2）怎样只移动一个数字，使算式成立？

2. 如果老师随便说出两个数字，比如926和31、548和25、702和9，你能用最快的方法立即说出这两个数的和减去差的结果吗？

第十二课 Lesson 12

分类与举例 Categorization and Exemplification

学习目标 Objectives

1. 掌握下面的常用格式：
   （1）我们把……分为……类，一类是……，如……；另一类是……，如……
   （2）例如……
2. 掌握对事物进行分类和举例时的常用汉语表达方法

词语表 New words and expressions

1.	摩擦力	mócālì	名	friction
2.	弹力	tánlì	名	elasticity
3.	压力	yālì	名	pressure
4.	动力	dònglì	名	motive power
5.	张力	zhānglì	名	tensile force
6.	支持力	zhīchílì	名	supporting force
7.	类	lèi	名	kind, category
8.	命名	mìngmíng	动	to denominate, to name
9.	随着	suízhe	介	along with
10.	位置	wèizhì	名	position
11.	机械	jīxiè	名	machinery, mechanism
12.	简称	jiǎnchēng	动、名	to be called for short; shortened form
13.	效果	xiàoguǒ	名	effect
14.	轮船	lúnchuán	名	steamship
15.	航行	hángxíng	动	to sail

16.	热胀冷缩	rè zhàng lěng suō		(of objects) to expand when heated and contract when cooled
17.	例子	lìzi	名	example
18.	例外	lìwài	名	exception
19.	增大	zēngdà	动	to enlarge, to augment

第一部分 听力训练
Part 1 Listening Practice

词语练习 Vocabulary Exercises

1 听录音，说出你听到的词语（每个词语听两遍）

Listen to the recording and say the words you hear. (Each word will be read twice.)

（1）

（2）

（3）

（4）

（5）

（6）

（7）

（8）

（9）

（10）

2 在你听到的词语前面画√（每个词语听两遍）

Put a √ in front of each word or expression you hear. (Each word or expression will be read twice.)

（1）A. tùchū B. tèshū

（2）A. yālì B. yāqiáng

（3）A. xíngshì B. xíngshǐ

（4）A. zǔlì B. dònglì

（5）A. xíngzǒu B. xíngchéng

（6）A. xiǎohuā B. xiàohua

（7）A. fēijī B. shǒujī

（8）A. yìxiē B. jīxiè

（9）A. zǔlì B. zǔdǎng

（10）A. xiàoguǒ B. xiǎoguó

3 在你听到的词语前面画√（每个词组听两遍）

Put a √ in front of each word or expression you hear. (Each phrase will be read twice.)

（1）A. 分别　B. 两类　（5）A. 微小　B. 物理

（2）A. 性质　B. 性格　（6）A. 体积　B. 面积

（3）A. 机器　B. 机械　（7）A. 热胀冷缩　B. 冷胀热缩

（4）A. 物理　B. 位置　（8）A. 气温　B. 温度

句子练习 Sentence Exercises

1 听录音，判断下列句子是否和你听到的句子完全一样，一样画√，不一样画×（每个句子听两遍）

Listen to the recording and judge if the following sentences are exactly the same as what you hear. If so, put a √ after it; if not, put a ×. (Each sentence will be read twice.)

（1）我们可以把力分为两类。（　　）

（2）第一类是根据力的效果来命名的。（　　）

（3）一般物质都会热胀冷缩。（　　）

（4）水的体积在4℃时最大。（　　）

（5）水具有热胀冷缩的性质。（　　）

（6）冰总是结在水面上。（　　）

（7）飞机在天空中飞行。（　　）

（8）例如冰就是一个例子。（　　）

（9）随着性质的改变而改变。（　　）

（10）我们说这个物体在做机械运动。（　　）

2 根据录音内容选择正确答案（每个句子听两遍）

Choose the correct answers according to the recording. (Each sentence will be read twice.)

（1）A. 摩擦力　B. 重力　C. 动力

（2）A. 三种　B. 四种　C. 五种

（3）A. 方向　B. 位置　C. 机械

（4）A. 汽车　B. 飞机　C. 轮船

（5）A. 冷胀热缩　B. 热胀冷缩　C. 化学变化

（6）A. 0℃到10℃　B. 10℃到4℃　C. 0℃到4℃

（7）A. 不变　B. 缩小　C. 增大

（8）A. 不变　B. 缩小　C. 增大

短文理解 Passage Comprehension

1 听短文，根据短文内容选择正确答案（每段短文听两遍）

Listen to the passages and choose the correct answers. (Each passage will be read twice.)

短文1　Passage 1　12-7

（1）A. 两类　B. 三类　C. 四类

（2）A. 摩擦力　B. 压力　C. 动力

（3）A. 摩擦力　B. 重力　C. 动力

短文2　Passage 2　12-8

（1）A. 快速运动　B. 慢速运动　C. 机械运动

（2）A. 两个　B. 三个　C. 四个

2 听短文，根据短文内容判断对错，对的画√，错的画×（短文听两遍）12-9

Listen to the passage and decide whether the following statements are true or false. True: √; false: ×. (The passage will be read twice.)

（1）一般物质都会热胀冷缩，但水是一个例外。（　　）

（2）温度在0℃到4℃之间，水具有热胀冷缩的性质。（　　）

（3）水的体积在10℃时最小。（　　）

（4）水的体积在4℃时最小，高于或者低于这一温度，体积都要增大。（　　）

第二部分 口语练习 Part 2 Oral Practice

仿照示例进行表达练习

Follow the examples and do oral practice.

例1　Example 1

我们可以把力分为两类：一类是根据力的性质命名的，如重力、弹力、摩擦力等；另一类是根据力的效果命名的，如张力、压力、支持力、动力、阻力等。

（1）用“我们把……分为……类，一类是……；另一类是……”说一段话。

（2）用“我们把……分为……类，一类是……，如……；另一类是……，如……”说一段话。

例2　Example 2

物体的位置如果随着时间的改变而改变，我们说这个物体在做机械运动，简称运动。例如汽车在路上行驶，轮船在海上航行，飞机在天空中飞行，都是物体运动的例子。

（1）学好汉语有很多方法，例如……，……，……，都是很好的方法。

（2）如果你想做一个健康的人，你应该经常锻炼，例如……，……，……，都是很好的锻炼方法。

（3）在中国，见面打招呼的方式很多，例如……，……，……，都是常见的打招呼方式。

（4）周末不工作时怎样休息好，不同的人做法不一样，例如……，……，……，都是很不错的休息方式。

趣味题 A problem for fun

玛丽手里拿着一枚硬币随便向上抛，她抛了12次，每次都是正面向上。如果玛丽再抛一次，还会是正面向上吗？

第十三课 Lesson 13

变换解释（说明） Explaining in Different Words

学习目标 Objectives

1. 掌握对事物进行解释和说明时的常用汉语表达方法
2. 掌握下面的常用格式：
   （1）一方面……，另一方面……
   （2）反之……
   （3）……也就是说/即……

词语表 New words and expressions

1.	由于	yóuyú	连	because, on account of
2.	惯性	guànxìng	名	inertia
3.	抽象	chōuxiàng	形	abstract
4.	量	liàng	名	amount, quantity
5.	衡量	héngliáng	动	to scale, to measure
6.	量度	liángdù	名	measurement
7.	扩大	kuòdà	动	to enlarge
8.	缩小	suōxiǎo	动	to reduce
9.	反之	fǎnzhī	连	contrariwise
10.	反比例	fǎnbǐlì	名	inverse proportion
11.	桶	tǒng	名、量	bucket
12.	解释	jiěshì	动	to explain
13.	需要	xūyào	动	to need
14.	工地	gōngdì	名	building site
15.	建筑	jiànzhù	名	architecture

16.	砖	zhuān	名	brick
17.	做功	zuò gōng		to do work
	功	gōng	名	work
18.	起重机	qǐzhòngjī	名	crane, chain block
19.	搬运	bānyùn	动	to carry, to transport
20.	楼顶	lóudǐng	名	top of a building, roof
21.	变换	biànhuàn	动	to change, to transform

第一部分　听力训练
Part 1　Listening Practice

词语练习 Vocabulary Exercises

1 听录音，说出你听到的词语（每个词语听两遍）13-2

Listen to the recording and say the words you hear. (Each word will be read twice.)

（1）　　　　（6）

（2）　　　　（7）

（3）　　　　（8）

（4）　　　　（9）

（5）　　　　（10）

2 在你听到的词语前面画√（每个词语听两遍）13-3

Put a √ in front of each word or expression you hear. (Each word or expression will be read twice.)

（1）A. guànxìng	B. xíguàn	（6）A. bānjiā	B. huíjiā
（2）A. liángdù	B. wēndù	（7）A. fàngdà	B. kuòdà
（3）A. zhèngbǐlì	B. fǎnbǐlì	（8）A. qǐzhòngjī	B. xǐyījī
（4）A. dàitì	B. dàdì	（9）A. suōxiǎo	B. suōjiǎn
（5）A. yì bēi shuǐ	B. yì píng shuǐ	（10）A. biànhuà	B. biànhuàn

3 在你听到的词语前面画√（每个词组听两遍）

Put a √ in front of each word or expression you hear. (Each phrase will be read twice.)

（1）A. 形象	B. 抽象	（6）A. 量度	B. 衡量
（2）A. 运动	B. 行动	（7）A. 洗衣机	B. 起重机
（3）A. 缩小	B. 扩大	（8）A. 例子	B. 举例
（4）A. 扩大	B. 缩小	（9）A. 功	B. 事
（5）A. 正比例	B. 反比例	（10）A. 楼上	B. 楼顶

句子练习 Sentence Exercises

1 听录音，判断下列词组或句子是否和你听到的完全一样，一样画√，不一样画×（每个词组或句子听两遍）

Listen to the recording and judge if the following phrases or sentences are exactly the same as what you hear. If so, put a √ after it; if not, put a ×. (Each phrase or sentence will be read twice.)

（1）运动状态容易改变。（ ）

（2）我们说它的惯性比较小。（ ）

（3）如果 x 缩小到原来的几分之几（ ）

（4）我们把两个量间的这种关系叫做正比例关系。（ ）

（5）如果 y 扩大到原来的几倍（ ）

（6）如果用人搬运需要几十个小时。（ ）

（7）空气、水、铁都是物质。（ ）

（8）各种物质所含物体有多有少。（ ）

（9）这个例子说明（ ）

（10）怎样表示做功的大小呢？（ ）

2 根据录音内容选择正确答案（每个句子听两遍）

Choose the correct answers according to the recording. (Each sentence will be read twice.)

（1）A. 不容易改变	B. 容易改变	C. 有时变有时不变
（2）A. 容易改变	B. 不容易改变	C. 有时变有时不变
（3）A. 物质	B. 质量	C. 惯性
（4）A. 物体的重量	B. 物体的质量	C. 物质的重量

（5）A. 正比例关系　　B. 反比例关系　　C. 有时是正比例有时是反比例

（6）A. 一种　　B. 两种　　C. 三种

（7）A. 做功的大小　　B. 做功的快慢　　C. 做功的方法

（8）A. 很多　　B. 很少　　C. 有的多，有的少

短文理解 Passage Comprehension

1 听短文，根据短文内容选择正确答案（每段短文听两遍）

Listen to the passages and choose the correct answers. (Each passage will be read twice.)

短文1　Passage 1

（1）A. 怎样衡量惯性大小　　B. 怎样衡量物质多少　　C. 怎样知道物体重量

（2）A. 物体的重量　　B. 物体的质量　　C. 看重量，也看质量

短文2　Passage 2

（1）A. 正比例关系　　B. 反比例关系　　C. 大小关系

（2）A. 正比例关系　　B. 反比例关系　　C. 没有关系

2 听短文，根据短文内容判断对错，对的画√，错的画×（每段短文听两遍）

Listen to the passages and decide whether the following statements are true or false. True: √; false: ×. (Each passage will be read twice.)

短文1　Passage 1

（1）各种物体所含的物质有多有少。（　　）

（2）物体所含物质越多，物体的质量就越小。（　　）

（3）大铁块没有小铁块所含的物质多。（　　）

（4）一桶水比一瓶水所含的物质多。（　　）

（5）物质的重量就是物体所含物质的多少。（　　）

（6）这段话是在说明物体的物质和质量之间的关系。（　　）

短文2　Passage 2

（1）这段话是在说功有大有小。（　　）

（2）做功的快和慢主要看做功时需要的时间。（　　）

（3）这段话举了两个例子。（　　）

第二部分 口语练习
Part 2 Oral Practice

1 用下列结构各说一段话

Complete the following paragraphs orally using the expressions and structures given.

（1）我喜欢游泳，我觉得经常游泳有很多好处，一方面……，另一方面……

（2）晚睡晚起是很不好的习惯，一方面……，另一方面……

（3）学汉语时，老师告诉我们要多听多说。这样做很重要，一方面……，另一方面……

（4）物体的惯性很抽象，怎样衡量它的大小呢？一方面……，另一方面……

2 仿照示例做练习

Follow the examples and do oral practice.

例：Example：

物体的质量就是物体所含物质的多少，所含物质越多，物体的质量就越大；反之，所含物质越少，物体的质量就越小。

（1）如果你每天吃得很多，又不运动，你就会越来越胖；反之……

（2）要是你对别人很友好，常去帮助别人，别人也会对你很友好，也会愿意帮助你；反之……

（3）考试前如不好好复习，考试时就会紧张，成绩也会不太好；反之……

（4）在算式$y=\frac{12}{x}$中，如果x扩大到原来的几倍，y就会缩小到原来的几分之一；反之……

趣味题 Problems for fun

1. 如果你在那个东西前面，那么你就在那个东西里面；反之，如果你在那个东西里面，你就在那个东西前面。同学们，请问那个东西是什么？

2. 一个家庭有五口人。但很奇怪，一方面爸爸可以很容易见到其他四人；另一方面其他四人却很难见到别人。这是个什么家庭呢？

第十四课 Lesson 14

事物的构成 Composition of an Object or a Substance

学习目标 Objectives

掌握表示事物构成的常用格式：

（1）由……构成/组成/合成

（2）主要成分为/是

（3）结合成、形成

词语表 New words and expressions

1.	熟悉	shúxī	动	to know sth. or sb. well
2.	组成	zǔchéng	动	to form, to make up
3.	制作	zhìzuò	动	to make, to manufacture
4.	形成	xíngchéng	动	to come into being, to form
5.	表格	biǎogé	名	table, form
6.	行	háng	名	line, row
7.	列	liè	名	file, column
8.	单元格	dānyuángé	名	table cell
9.	基本	jīběn	形	basic, fundamental
10.	石油	shíyóu	名	oil, petroleum
11.	整体	zhěngtǐ	名	ensemble, whole
12.	操作	cāozuò	动	to operate
13.	石灰石	shíhuīshí	名	limestone
14.	碳酸钙	tànsuāngài	名	calcium carbonate
	碳	tàn	名	carbon (C)
	钙	gài	名	calcium (Ca)
15.	空气	kōngqì	名	air

16. 分子	fēnzǐ	名	molecule
17. 构成	gòuchéng	动	to constitute, to form
18. 粒子	lìzǐ	名	particle
19. 化石	huàshí	名	fossil
20. 燃料	ránliào	名	fuel
21. 食盐	shíyán	名	table salt, salt
22. 氯化钠	lǜhuànà	名	sodium chloride

第一部分 听力训练
Part 1 Listening Practice

词语练习 Vocabulary Exercises

1 用拼音写出你听到的词语（每个词语听两遍）

Write down the words you hear in *pinyin*. (Each word will be read twice.)

（1）________　　（6）________

（2）________　　（7）________

（3）________　　（8）________

（4）________　　（9）________

（5）________　　（10）________

2 在你听到的词语前面画√（每个词语听两遍）

Put a √ in front of each word or expression you hear. (Each word or expression will be read twice.)

（1）A. 空气	B. 生气	（6）A. 化石	B. 花石
（2）A. 组成	B. 构成	（7）A. 性质	B. 形状
（3）A. 食盐	B. 实验	（8）A. 房子	B. 分子
（4）A. 微小	B. 微笑	（9）A. 表哥	B. 表格
（5）A. 粒子	B. 例子	（10）A. 一列	B. 一例

3 听后跟读（每个词组听两遍）

Read after the recording. (Each phrase will be read twice.)

（1）基本成分
物质的基本成分

（2）主要成分
食盐的主要成分

（3）电子表格
制作电子表格

（4）基本元素
电子表格的基本元素

（5）整体操作
进行整体操作

（6）空气分子
由空气分子组成

句子练习 Sentence Exercises

1 听后跟读（每个句子听两遍）

Read after the recording. (Each sentence will be read twice.)

（1）空气是由空气分子组成的。

（2）物质是由微小的粒子——分子、原子等构成的。

（3）食盐的主要成分是氯化钠。

（4）电子表格通常由一些行和列组成，行和列相交的部分，叫做单元格。

（5）物质的基本成分——元素，其实只有100多种。

（6）水、氧气和二氧化碳的成分中都含有氧元素。

2 根据录音内容判断对错，对的画√，错的画×（每个句子听两遍）

Decide whether the following statements are true or false according to the recording. True: √; false: ×. (Each sentence will be read twice.)

（1）空气分子组成了空气。　　　（　　）

（2）分子、原子都是粒子。　　　（　　）

（3）食盐主要是由氯化钠构成的。　　　（　　）

（4）电子表格中行和列叫做单元格。　　　（　　）

（5）元素是物质的基本成分。　　　（　　）

（6）水、氧气和二氧化碳都含有氧元素。　　　（　　）

（7）石油的形成要经过几万年。　　　（　　）

3 根据录音内容填空（每个句子听两遍）

Fill in the blanks according to the recording. (Each sentence will be read twice.)

（1）物质的基本成分——__________，其实只有100多种。

（2）碳酸钙是由碳、氧、钙这三种元素__________的。

（3）水、氧气和二氧化碳，它们的组成和性质不同，但它们的成分中都__________氧元素。

（4）用计算机能__________电子表格。

（5）__________是电子表格的基本元素。

（6）同种原子可以__________成分子，不同种原子不能__________成分子。

短文理解 Passage Comprehension

1 听短文，根据短文内容判断对错，对的画√，错的画 ×（每段短文听两遍）

Listen to the passages and decide whether the following statements are true or false. True: √; false: ×. (Each passage will be read twice.)

短文1 Passage 1 14-8

（1）元素的种类特别多。 （ ）

（2）有一些物质的组成和性质不同，但是含有相同的元素。 （ ）

短文2 Passage 2 14-9

（1）电子表格就是单元格。 （ ）

（2）电子表格是进行整体操作的最小单位。 （ ）

2 听短文，根据短文内容回答问题（短文听两遍） 14-10

Listen to the passage and answer the questions. (The passage will be read twice.)

（1）物质是由什么构成的？

（2）所有的原子都能结合成分子吗？

第二部分 口语练习
Part 2 Oral Practice

说一说

Let’s talk.

（1）下列物质分别是由什么元素构成的?

水　　氧气　　二氧化碳　　石灰石　　食盐

（2）电子表格是由什么组成的?

趣味题 A problem for fun

哥哥和弟弟两个人一起去北极旅行，路上遇到一条冰河。他们怎么过河呢?河上没有桥，也没有可以绕过去的路，冰河太宽，水又凉，如果游过去会被冻死。哥哥说：“要是有树就好了，我们可以造一只木船。”但是北极到处都是冰雪，根本没有树。最后，聪明的弟弟想出一个好办法，他用一种特别的材料造了一只船，你知道他用什么材料造的船吗?

第十五课 Lesson 15

事物的变化（一）Changes of Things（Ⅰ）

学习目标 Objectives

1. 掌握物理变化和化学变化的基本词汇
2. 掌握表示事物自身变化过程的格式：

   由……，经过……，然后……，再从……，最后……

词语表 New words and expressions

15-1

1.	联系	liánxì	动	to connect, to relate
2.	交融	jiāoróng	动	to blend, to mingle
3.	蜡烛	làzhú	名	candle
	蜡	là	名	wax
4.	共存	gòngcún	动	to coexist
5.	溶化	rónghuà	动	to dissolve
6.	物态	wùtài	名	state of matter
7.	晶体	jīngtǐ	名	crystal
	非晶体	fēijīngtǐ	名	amorphous body
8.	数量	shùliàng	名	amount, quantity
9.	熔化	rónghuà	动	to melt, to fuse
10.	其	qí	代	its, his, her, their
11.	汽	qì	名	vapour, steam
12.	外压	wàiyā	名	external pressure
13.	达到	dádào	动	to achieve, to attain, to reach
14.	某	mǒu	代	certain, some

15.	温度	wēndù	名	temperature
16.	熔点	róngdiǎn	名	melting point
17.	未	wèi	副	not, not yet
18.	完全	wánquán	副	completely, fully, wholly
19.	处于	chǔyú	动	to be (in a certain condition)
20.	保持	bǎochí	动	to keep, to maintain
21.	恒定	héngdìng	动	to be constant
22.	无法	wúfǎ	动	to be unable to, to be incapable of

第一部分 听力训练
Part 1 Listening Practice

词语练习 Vocabulary Exercises

1 用拼音写出你听到的词语（每个词语听两遍） 15-2

Write down the words you hear in *pinyin*. (Each word will be read twice.)

（1）__________ （6）__________

（2）__________ （7）__________

（3）__________ （8）__________

（4）__________ （9）__________

（5）__________ （10）__________

2 在你听到的词语前面画√（每个词组听两遍） 15-3

Put a √ in front of each word or expression you hear. (Each phrase will be read twice.)

（1）	A. 数量	B. 质量	（6）A. 结合	B. 混合
（2）	A. 物态	B. 固态	（7）A. 燃烧	B. 然后
（3）	A. 共同	B. 共存	（8）A. 固体	B. 古代
（4）	A. 蜡烛	B. 拿住	（9）A. 交通	B. 交融
（5）	A. 关系	B. 联系	（10）A. 状态	B. 整体

3 听后跟读（每个词语听两遍）

Read after the recording. (Each word or phrase will be read twice.)

（1）联系
有联系

（2）燃烧
蜡烛燃烧

（3）液体
溶化成液体

（4）混合
和氧气分子混合

（5）交融
交融在一起

（6）共存
固液共存

句子练习 Sentence Exercises

1 听后跟读（每个句子听两遍）

Read after the recording. (Each sentence will be read twice.)

（1）物理变化与化学变化是有联系的。

（2）蜡烛燃烧的过程，是由蜡先溶化成液体，然后再汽化，最后再燃烧。

（3）物态变化是物理变化，而燃烧则是化学变化。

（4）由固体先变固液共存，再变成液体，最后变成汽液共存。

（5）在熔化过程中，物体的状态在不断变化。

2 根据录音内容判断对错，对的画√，错的画×（每个句子听两遍）

Decide whether the following statements are true or false according to the recording. True: √; false: ×. (Each sentence will be read twice.)

（1）物理变化和化学变化不是完全没有关系的。（　　）

（2）蜡烛燃烧是由固体溶化为液体，再变为汽体。（　　）

（3）物体变化是物理变化。（　　）

（4）非晶体在熔化过程中最后变成固液共存。（　　）

（5）晶体在熔化过程中，也有固液共存状态。（　　）

3 根据录音内容填空（每个句子听两遍）

Fill in the blanks according to the recording. (Each sentence will be read twice.)

（1）毕业后我跟他没有__________。

（2）蜡烛先溶化成液体，然后再__________。

（3）在这里，物理变化和化学变化就__________在一起了。

（4）玻璃的熔化过程是先由固体变成固液__________，然后再变成液体，最后变成汽液共存。

（5）__________在熔化过程中，虽固液共存，但固液__________在不断变化。

短文理解 Passage Comprehension

1 听短文，根据短文内容判断对错，对的画√，错的画×（每段短文听两遍）

Listen to the passages and decide whether the following statements are true or false. True: √; false: ×. (Each passage will be read twice.)

短文1　Passage 1

（1）非晶体和晶体的熔化过程不同。　（　　）

（2）晶体在熔化过程中固液数量在不断变化。　（　　）

短文2　Passage 2

（1）晶体只有达到熔点才开始熔化，非晶体没有熔点。　（　　）

（2）晶体在未完全熔化前温度不断升高。　（　　）

2 听短文，根据短文内容回答问题（短文听两遍）

Listen to the passage and answer the questions. (The passage will be read twice.)

（1）为什么说物理变化和化学变化有联系？

（2）请说一说蜡烛燃烧的过程。

第二部分 口语练习
Part 2 Oral Practice

说一说

Let's talk.

（1）说一说冰融化成水的过程。

（2）说一说植物生长的过程。

趣味题 A problem for fun

冬天的早晨，焊工马上就要完成焊接工作时，氧气瓶里没有氧气了。这么冷的天，还要跑到很远的地方去找氧气瓶，焊工觉得很麻烦。这时，他想到了一个可以很快就能弄到氧气的好方法。你知道是什么方法吗？

第十六课 Lesson 16

事物的变化（二） Changes of Things (Ⅱ)

学习目标 Objectives

掌握表示事物依变关系的格式：

（1）越来越……

（2）随着……而……

（3）如果……，则……

词语表 New words and expressions

1.	联结	liánjié	动	to join, to combine
2.	网络	wǎngluò	名	network
	网	wǎng	名	net, network
3.	导线	dǎoxiàn	名	lead, conducting wire
4.	光缆	guānglǎn	名	optical cable
5.	通信卫星	tōngxìn wèixīng		communication satellite
	卫星	wèixīng	名	satellite
6.	传送	chuánsòng	动	to transmit
7.	甚至	shènzhì	连	even
8.	满足	mǎnzú	动	to satisfy
9.	画面	huàmiàn	名	picture, frame
10.	文档	wéndàng	名	document
11.	输入	shūrù	动	to input
12.	文本	wénběn	名	text
13.	自动	zìdòng	副	automatically

14.	检查	jiǎnchá	动	to check up
15.	标记	biāojì	动、名	to mark; sign
16.	拼写	pīnxiě	动	to spell
17.	技术	jìshù	名	technology
18.	发展	fāzhǎn	动	to develop
19.	波浪线	bōlàngxiàn	名	wavy line
20.	沸点	fèidiǎn	名	boiling point
21.	社会	shèhuì	名	society
22.	人类	rénlèi	名	mankind
23.	关系	guānxi	名	relation
24.	密切	mìqiè	形	close, intimate
25.	升高	shēnggāo	动	to go up, to rise
26.	降低	jiàngdī	动	to reduce, to drop
27.	查找	cházhǎo	动	to search, to look for
28.	资料	zīliào	名	data, material

第一部分 听力训练
Part 1 Listening Practice

词语练习 Vocabulary Exercises

1 用拼音写出你听到的词语（每个词语听两遍）16-2

Write down the words you hear in *pinyin*. (Each word will be read twice.)

（1）________　　（4）________

（2）________　　（5）________

（3）________　　（6）________

（7）________　　（9）________

（8）________　　（10）________

2 在你听到的词语前面画√（每个词语听两遍）

Put a √ in front of each word or expression you hear. (Each word or expression will be read twice.)

（1）A. 社会	B. 学会	（6）A. 导体	B. 导线
（2）A. 标志	B. 标记	（7）A. 飞行	B. 卫星
（3）A. 花面	B. 画面	（8）A. 主动	B. 自动
（4）A. 人类	B. 人们	（9）A. 密切	B. 密度
（5）A. 技术	B. 寄书	（10）A. 发展	B. 发现

3 听后跟读（每个词语听两遍）

Read after the recording. (Each word or phrase will be read twice.)

（1）导线 金属导线	（2）卫星 通信卫星	（3）信息量 越来越大的信息量
（4）文本 输入文本	（5）检查 自动检查	（6）高于4℃ 温度高于4℃

句子练习 Sentence Exercises

1 听后跟读（每个句子听两遍）

Read after the recording. (Each sentence will be read twice.)

（1）同一种物质，体积越大，质量越大。

（2）玻璃受热后温度会越来越高。

（3）计算机之间的联结，除了使用金属导线外，还使用光缆、通信卫星等各种通信手段。

（4）随着通信技术的发展，信息传送的速度越来越快。

（5）如果文字有拼写错误，则在错误文字下面显示红色波浪线。

2 根据录音内容判断对错，对的画√，错的画×（每个句子听两遍）16-6

Decide whether the following statements are true or false according to the recording. True: √; false: ×. (Each sentence will be read twice.)

（1）通信技术的发展使信息传送速度越来越快。 （ ）

（2）我们能够在网上看电视是因为现在信息传送速度很快。 （ ）

（3）大气压强变化，液体的沸点也会变化。 （ ）

（4）随着温度的升高，水的密度越来越小。 （ ）

（5）我们可以从网上收发电子邮件、看新闻、查找各种资料。 （ ）

3 根据录音内容填空（每个句子听两遍）16-7

Fill in the blanks according to the recording. (Each sentence will be read twice.)

（1）最近他学习__________努力。

（2）科学技术越进步，__________的生活越方便。

（3）如果文字有语法错误，Word会__________在错误句子下面__________绿色波浪线。

（4）物体的状态会随着温度的__________而发生变化。

（5）随着年龄越来越大，他对找女朋友的要求__________了。

（6）除了去图书馆，我们还可以在网上查找__________。

短文理解 Passage Comprehension

1 听短文，根据短文内容回答问题（每段短文听两遍）

Listen to the passages and answer the questions. (Each passage will be read twice.)

短文1 Passage 1 16-8

（1）计算机与计算机之间是通过什么联结的？

（2）现在信息传送技术发展得怎么样？

短文2 Passage 2

（1）如果用户输入的文本有拼写错误，会出现什么标记？

（2）如果用户输入的文本有语法错误，会出现什么标记？

2 听短文，根据短文内容判断对错，对的画√，错的画×（短文听两遍）

Listen to the passage and decide whether the following statements are true or false. True: √; false: ×. (The passage will be read twice.)

（1）计算机和网络对于人类很重要。 （ ）

（2）计算机网络给我们带来的都是好的影响。 （ ）

第二部分 口语练习
Part 2 Oral Practice

1 用所给的词语给下列句子换一种说法，要求意思不变

Say each of the following sentences in another way with the word or structure given in the brackets and remember not to change the meaning of the sentence.

（1）我刚来的时候50公斤，现在55公斤。（越来越……）

（2）在山下50米高的地方风力3级，到了山顶1000米高的地方风力6级。（越……越……）

（3）他的成绩提高了，心情也好起来。（随着）

（4）他心情好时就喜欢学习，心情不好时就不喜欢学习。（随着……而……）

（5）他喜欢听音乐、读书、看电影，也喜欢运动。（除了……还……）

（6）他病得很厉害，都不能起床了。（甚至）

2 说一说

Let's talk.

（1）计算机和人类的关系。

（2）你来中国后的变化。

趣味题 A problem for fun

有两只螃蟹，一只红螃蟹，一只黑螃蟹，红螃蟹体长是20cm，黑螃蟹体长15cm。如果它们俩赛跑，你认为它们谁会得第一名呢？

第十七课 Lesson 17

因果联系 Cause and Effect

学习目标 Objectives

1. 掌握表达因果关系的常用格式
2. 听懂、会说事物、事理之间的因果联系

词语表 New words and expressions

17–1

1.	匀速	yúnsù	名	uniform velocity
2.	变速	biànsù	名	variable velocity
3.	能量	néngliàng	名	energy
4.	举	jǔ	动	to lift
5.	动能	dòngnéng	名	kinetic energy
6.	势能	shìnéng	名	potential energy
7.	激光	jīguāng	名	laser
8.	会聚	huìjù	动	to assemble
9.	亮度	liàngdù	名	brightness, luminance
10.	照射	zhàoshè	动	to shine, to irradiate
11.	氯气	lǜqì	名	chlorine
12.	有机物	yǒujīwù	名	organic matter
13.	化合物	huàhéwù	名	chemical compound
14.	工业	gōngyè	名	industry
15.	使	shǐ	动	to make, to cause
16.	持续	chíxù	动、形	to continue; continuous
17.	施加	shījiā	动	to exert (influence or pressure, etc.)

18.	撤销	chèxiāo	动	to repeal
19.	停止	tíngzhǐ	动	to stop, to cease
20.	维持	wéichí	动	to keep, to preserve
21.	之所以	zhīsuǒyǐ	连	(*used together with* "是因为" *to mean cause and effect*) the reason why
22.	摩擦	mócā	名、动	friction

第一部分 听力训练 Part 1 Listening Practice

词语练习 Vocabulary Exercises

1 在你听到的词语前面画√（每个词语听两遍）

Put a √ in front of each word or expression you hear. (Each word or expression will be read twice.)

（1）A. 施加	B. 持续	（6）A. 化学物质	B. 化合物
（2）A. 运算	B. 匀速	（7）A. 变速	B. 匀速
（3）A. 能量	B. 会聚	（8）A. 能量	B. 激光
（4）A. 施加	B. 能力	（9）A. 物理	B. 运动
（5）A. 实验	B. 照射	（10）A. 氯气	B. 力气

2 根据录音内容填空（每个词组听两遍）

Fill in the blanks according to the recording. (Each phrase will be read twice.)

（1）把物体（　　　　）高

（2）用激光（　　　　）物体

（3）（　　　　）圆周运动

（4）物体运动受到（　　　　）

（5）物体由于运动而具有（　　　　）

（6）物体的运动就会（　　　　）

句子练习 Sentence Exercises

1 根据录音内容判断对错，对的画√，错的画×（每个句子听两遍）17-4

Decide whether the following statements are true or false according to the recording. True: √; false: ×. (Each sentence will be read twice.)

（1）我们改变了不好的天气。（　　）

（2）物体由于受到作用力而持续运动。（　　）

（3）物体具有势能，是因为它被举高了。（　　）

（4）撤销作用力，物体不会停止运动。（　　）

（5）激光可以会聚到一个点上，因为它的平行度好。（　　）

（6）激光的平行度好，所以不能照射人的眼睛。（　　）

2 根据录音内容选择正确答案（每个句子听两遍）17-5

Choose the correct answers according to the recording. (Each sentence will be read twice.)

（1）A. 运动速度不变　B. 运动方向不变　C. 方向和速度都不变

（2）A. 静止时　B. 运动时　C. 被举高时

（3）A. 氢气　B. 氧气　C. 氯气

（4）A. 是有机物　B. 不是有机物　C. 不知道是不是有机物

（5）A. 很快　B. 很慢　C. 没有影响

（6）A. 水　B. 二氧化碳　C. 铁

短文理解 Passage Comprehension

1 听短文，根据短文内容判断对错，对的画√，错的画×（每段短文听两遍）

Listen to the passages and decide whether the following statements true or false. True: √ ; false: ×. (Each passage will be read twice.)

短文1　Passage 1　17-6

（1）匀速圆周运动不是变速运动。（　　）

（2）圆周运动的运动方向在不断变化。（　　）

（3）物体运动时会具有动能。（　　）

（4）动能是物体由于被举高而具有的能量。（　　）

短文2 Passage 2 17-7

（1）激光可以会聚到很小的一个点上，是因为它平行度好。（　　）

（2）因为激光亮度很强，所以不能用激光照射人。（　　）

（3）激光的特点是亮度很强，平行度很好。（　　）

2 听短文，根据短文内容选择正确答案（每段短文听两遍）

Listen to the passages and choose the correct answers. (Each passage will be read twice.)

短文1 Passage 1 17-8

（1）A. 铝　　B. 氯气　　C. 氧气

（2）A. 有机物　　B. 非金属　　C. 化合物

（3）A. 能跟很多物质发生反应
B. 能跟金属发生反应
C. 化学性质稳定

短文2 Passage 2 17-9

（1）A. 撤销力的作用　　B. 施加力的作用　　C. 减少摩擦阻力

（2）A. 没有力来维持　　B. 没有摩擦阻力　　C. 有摩擦阻力

（3）A. 必须用力来维持　　B. 不用力来维持　　C. 跟摩擦阻力有关

第二部分 口语练习 Part 2 Oral Practice

1 根据示例，用所给的词语重新说一说句子的意思

Follow the example and restate the meaning of each sentence using the word or structure given in the brackets.

例如：

圆周运动是变速运动，因为它的运动方向在不断变化。（由于……所以……）

→由于圆周运动的运动方向在不断变化，所以圆周运动是变速运动。

（1）她失恋，她伤心不已。（由于……而……）
（2）物体运动，物体产生动能。（由于……而……）
（3）匀速直线运动的速度和方向都不改变，它是匀速运动。（因此）
（4）氯气可以跟很多物质发生反应，生成化合物，氯气在化学工业中非常重要。（因此）
（5）水和二氧化碳含有不同的元素，它们是化合物。（由于……所以……）
（6）铁和氢气只含有一种元素，它们不是化合物。（由于……所以……）
（7）老师常常表扬他，他学习很努力。（之所以……是因为……）
（8）物体的运动会停止，对它施加的作用力撤销了。（之所以……是因为……）

2 我问你答（分组活动）

I ask, and you answer. (Group work)

活动说明：一个同学提出问题“为什么……？”，其他同学用本课学过的“由于……所以……、因此、由于……而……、之所以……是因为……”等词语回答。如果回答正确，全班同学重复一遍。

例如：

A：为什么不能用激光对着人的眼睛照射？

B：由于激光的亮度很强，所以千万不能用激光对着人的眼睛照射。

全班一齐说：由于激光的亮度很强，所以千万不能用激光对着人的眼睛照射。

问题 Questions：

（1）为什么你喜欢吃北京烤鸭？

（2）为什么电视机声音不能开得太大？

（3）为什么上课时不可以吃东西？

（4）为什么物体会产生势能？

（5）为什么激光可以会聚到很小的一个点上？

趣味题 A problem for fun

一个小孩儿在门口玩儿，有人问他："你妈妈在家吗？"小孩儿说："在。"于是这个人上前去按门铃，可是没人来开门。小孩儿并没有撒谎，可是为什么没人开门呢？

第十八课 Lesson 18

条件限制 Condition and Restriction

学习目标 Objectives

1. 掌握表示条件限制的常用格式：

（1）当……时，……增大/减小

（2）随着……，增多……

（3）在通常情况下、在一定温度下、在……的条件/状况/作用下

2. 掌握捕捉本课重点信息的方法

词语表 New words and expressions

18-1

1.	标志	biāozhì	名	sign, symbol
2.	触电	chù diàn	动	to get an electric shock
3.	直接	zhíjiē	形	direct
4.	危险	wēixiǎn	形	dangerous
5.	一旦	yídàn	副	once, as soon as
6.	着火	zháo huǒ	动	to catch fire
7.	结冰	jié bīng		to ice up
8.	浮	fú	动	to float
9.	沉	chén	动	to sink
10.	悬浮	xuánfú	动	to float (in the liquid)
11.	漂浮	piāofú	动	to float (on the surface)
12.	电路	diànlù	名	electrocircuit
13.	伏	fú	量	volt
14.	高压	gāoyā	名	high voltage

15.	氧气	yǎngqì	名	oxygen
16.	浮力	fúlì	名	buoyancy
17.	摄氏度	shèshìdù	名	degree Celsius
18.	发生	fāshēng	动	to happen

第一部分 听力训练
Part 1 Listening Practice

词语练习 Vocabulary Exercises

1 听后跟读（每个词组听两遍） 18-2

Read after the recording. (Each phrase will be read twice.)

（1）

（2）

（3）

（4）

2 根据录音内容复述并填空（每个句子听两遍） 18-3

Listen to the recording, retell what you hear and fill in the blanks. (Each sentence will be read twice.)

（1）水________时________会变大。

（2）高压________的________有几万伏________几十万伏。

（3）________是一种发光放热的________。

（4）产生剧烈的____________。

（5）你一定见过“高压________”的________。

句子练习 Sentence Exercises

根据录音内容选择正确答案（每个句子听两遍）

Choose the correct answers according to the recording. (Each sentence will be read twice.)

（1）A. 多数物质从固体变为液体时
B. 水从液体变为固体时
C. 液体变为固体时
D. 多数物质从液体变为固体时

（2）A. 水变为气体
B. 多数气体变为液体
C. 所有液体变为气体
D. 气体变为水

（3）A. 不断加热，水温会不断增高
B. 水在100℃时沸腾了
C. 水的温度不会一直变化
D. 水沸腾后，水的温度不会超过100℃

（4）A. 可燃物跟空气接触
B. 可燃物跟氧气接触
C. 可燃物在氧气中，温度比着火点高
D. 温度非常高

（5）A. 用水浇并降低温度
B. 降低温度
C. 隔绝空气并把温度降到着火点以下
D. 与空气或氧气隔绝

短文理解 Passage Comprehension

1 听短文，根据短文内容回答问题（短文听两遍）

Listen to the passage and answer the questions. (The passage will be read twice.)

（1）液体中的物体在什么情况下会上浮？

（2）液体中的物体在什么情况下会下沉？

（3）液体中的物体在什么情况下会漂浮在液面上？

（4）如果分别把气球、小铁块放在水中，会有什么结果？为什么？

听短文，做2至4题

Listen to the passage and do Exercises 2-4.

2 听第一遍，根据短文内容选择正确答案 18-6

Listen for the first time and choose the correct answers according to the recording.

（1）A. 干电池　　B. 家庭照明电路　　C. 高压线路

（2）A. 直接用手拿干电池　　B. 离家里的灯很近
　　C. 离高压线路很远　　D. 靠近高压线路

3 听第二遍，根据短文内容判断对错，对的画√，错的画× 18-7

Listen for the second time and decide whether the following statements are true or false according to the recording. True: √; false: ×.

（1）电压越高，就越危险。（　　）

（2）只有直接接触高压线路，它才会对人有伤害。（　　）

（3）从干电池到家庭照明电路再到高压电路，电压越来越高。（　　）

（4）干电池对人不会有伤害，是因为它的电压很低。（　　）

4 听第三遍，根据短文内容回答问题 18-8

Listen for the third time and answer the questions according to the passage.

（1）干电池、家庭照明电路以及高压线路的电压分别是多少？

（2）干电池、家庭照明电路以及高压线路，对人是否有伤害？有什么伤害？请你说说分别应该注意些什么？

第二部分 口语练习
Part 2 Oral Practice

1 选择合适的表达方式将左右相关的部分连成句子（答案不唯一）

Combine the clauses in the two columns into sentences using the proper structures given.

当……时　如果……就（会）……　只有……且……时，才……

在……条件下　只要……就……

A. 它所受的浮力大于重力	（1）固体的冰变为液态的水
B. 温度超过沸点	（2）水变成气体
C. 在标准大气压下，温度超过0℃	（3）水的沸点降到100℃以下
D. 在高山上	（4）木头漂浮在液体表面

2 说说生活中哪些情况下容易发生触电。为了防止触电的发生，应该注意些什么

Talk about in what conditions one is likely to get an electric shock and what one should pay attention to in order to avoid it.

3 听后用所给的词说说这段短文的主要意思 18-9

Listen to the recording, and then talk about the main idea of the passage using the given words and expressions.

……加热……100℃……沸腾……再加热……增大压强……看到……这说明……随着……

趣味题 A problem for fun

一个长方形被切去1个角，还剩几个角？（提示：不同情况下，所剩角的数量是不同的，请分情况说明）

第十九课 Lesson 19

推论总结 Inference and Conclusion

学习目标 Objectives

1. 掌握表示推论总结的常用格式：
   （1）从上述实验事实可以看出……、考察结果说明……、实验表明……
   （2）综上所述……、总之……
   （3）由此可见/由此可知……
2. 掌握在短文中找到总结性、推论性内容的方法

词语表 New words and expressions

1.	程度	chéngdù	名	degree, extent
2.	金	jīn	名	gold (Au)
3.	特性	tèxìng	名	specific property or characteristic
4.	由此	yóucǐ	连	thereout, as a result
5.	泪	lèi	名	tear
6.	感觉	gǎnjué	动、名	to feel; feeling
7.	咸	xián	形	salty
8.	延长	yáncháng	动	to prolong
9.	躲	duǒ	动	to avoid, to dodge
10.	淋	lín	动	to drench
11.	表明	biǎomíng	动	to indicate
12.	易	yì	形	easy
13.	大自然	dàzìrán	名	nature
14.	研究	yánjiū	名、动	research

15. 通风	tōng fēng	动	to ventilate
16. 雪花	xuěhuā	名	snowflake
17. 自然界	zìránjiè	名	nature
18. 显微镜	xiǎnwēijìng	名	microscope

第一部分 Part 1 听力训练 Listening Practice

词语练习 Vocabulary Exercises

1 根据录音内容填空（每个句子听两遍）19-2

Fill in the blanks according to the recording. (Each sentence will be read twice.)

（1）你能得到什么________？

（2）____________，________是物体惯性大小的量度。

（3）从上述____________可以看出：镁最________，铁、铜________。

（4）__________液体表面的空气流动得越快，________也越快。

（5）____________：在__________中无法形成完全一样的雪花。

2 在你听到的词语前面画√（每个句子听两遍）19-3

Put a √ in front of each word or expression you hear. (Each sentence will be read twice.)

（1）A. 称作　B. 特性　C. 物体状态

（2）A. 实验证明　B. 难易程度　C. 反应剧烈

（3）A. 由此可知　B. 物体质量　C. 量度

（4）A. 实验表明　B. 反而　C. 淋雨

（5）A. 感觉出　B. 证明　C. 盐分

句子练习 Sentence Exercises

1 根据录音内容判断对错，对的画√，错的画×（每个句子听两遍）19-4

Decide whether the following statements are true or false according to the recording. True: √; false: ×. (Each sentence will be read twice.)

（1）镁、铝可能会和氧气发生反应。 （ ）

（2）物体质量的大小与物体惯性的大小成反比。 （ ）

（3）有的金属很容易与氧气发生反应，有的却不容易。 （ ）

（4）泪水中一半以上是盐。 （ ）

（5）经常运动的人心脏工作时间比一般人短。 （ ）

2 根据录音内容选择正确答案（每个句子听两遍）19-5

Choose the correct answers according to the recording. (Each sentence will be read twice.)

（1）A. 化学方法可以改变物质
B. 化学方法可以改变物质的质量
C. 化学方法可以改变物质的成分

（2）A. 要把湿衣服挂在有风的地方
B. 液体表面空气流通的速度与蒸发的速度成反比
C. 液体表面空气流通的速度与蒸发的速度成正比

（3）A. 有风的地方 B. 没有风的地方

（4）A. 在雨中继续走路 B. 赶快跑

（5）A. 走路 B. 跑步

短文理解 Passage Comprehension

听短文，做1至3题

Listen to the passage and do Exercises 1-3.

1 听第一遍，根据短文内容判断对错，对的画√，错的画× 19-6

Listen for the first time and decide whether the following statements are true or false according to the recording. True: √; false: ×.

（1）地球上没有完全一样的两个人。 （ ）

（2）大自然中没有完全一样的两朵雪花。 （ ）

（3）自然界中有大小一样的两朵雪花。 （ ）

2 听第二遍，根据短文内容回答问题

Listen for the second time and answer the questions according to the passage.

（1）雪花的基本形状是什么？

（2）通过观察雪花，学者们得出什么结论？

3 听第三遍，根据短文内容给下列句子排序

Listen for the third time and put the sentences in the correct order according to the passage.

A. 自然界中无法形成完全一样的雪花

B. 就像地球上找不出两个完全相同的人一样

C. 大自然中几乎找不出两朵完全相同的雪花

D. 最后得出结论

E. 学者们用显微镜观察雪花

正确顺序是：________

听短文，做4至6题

Listen to the passage and do Exercises 4-6.

4 听第一遍，根据短文内容判断对错，对的画√，错的画×

Listen for the first time and decide whether the following statements are true or false according to the recording. True: √; false: ×.

（1）所有金属都可以与氧气发生化学反应。（　　）

（2）有的金属很容易与氧气发生反应。（　　）

（3）镁常温下可以与氧气发生反应。（　　）

（4）铜和铁任何温度下都可以与氧气发生反应。（　　）

（5）金只有在高温时才可以与氧气反应。（　　）

5 听第二遍，根据短文内容选择正确答案

Listen for the second time and choose the correct answers according to the recording.

（1）A. 铁　　B. 镁　　C. 金　　D. 铜

（2）A. 镁、铜、金　　B. 铁、金、铝

　　C. 铜、镁、金　　D. 铁、铝、金

6 听第三遍，用所给的词语复述短文

Listen for the third time and retell the passage using the following expressions.

实验表明，大部分金属……，但……难易程度不同。例如，镁在常温下……；……只在高温时……；而金即使……也不……。从上述……，镁……，铁、铜……，金……。

第二部分 Part 2 口语练习 Oral Practice

1 选择合适的表达方式将左右相关的部分连成句子（答案不唯一）

Combine the clauses in the two columns into sentences using the proper expressions given.

由此可见　由此得出结论　这说明

（1）氢气球可以飞上天	A. 地球上存在垂直向下的重力
（2）苹果从树上掉了下来	B. 温度可以改变水的状态
（3）水在0℃下变成冰，100℃下变成水蒸气	C. 氢气比空气要轻

2 从下列实验中，说说你可以得到哪些结论

What conclusions can you draw from the following experiments?

（1）把一根带火星的木条从空气中放到氧气中，木条又燃烧了。

（2）大气压力是因为地球周围空气的重量产生的，高山上的大气压就比地面上的大气压小得多。

趣味题 A problem for fun

王小姐最近正在减肥。可是她运动了30分钟后称了称体重，却发现体重不但没有减少，反而略有增加。她又很卖力地活动全身，结果仍然如此。这究竟是什么原因呢？

第二十课 Lesson 20

问题解读（一） Understanding the Problems (Ⅰ)

学习目标 Objectives

1. 掌握下面的常用格式：
（1）分析其成因并讨论
（2）举例、列举/举出具体的实例、举出反例、结合实例说明
2. 了解一些词语的意思：是否、加以、如何、试+V
3. 理解短文给我们的任务是什么

词语表 New words and expressions

20-1

1.	否	fǒu	副	no
2.	描述	miáoshù	动	to describe
3.	调查	diàochá	动	to investigate
4.	火灾	huǒzāi	名	fire (as a disaster)
5.	事例	shìlì	名	case, example
6.	下列	xiàliè	形	following
7.	再生	zàishēng	动	to regenerate
8.	能源	néngyuán	名	energy resource
9.	判断	pànduàn	动	to judge, to decide
10.	反例	fǎnlì	名	counterexample
11.	属于	shǔyú	动	to belong to
12.	相对	xiāngduì	形	relative
13.	具体	jùtǐ	形	concrete
14.	符合	fúhé	动	to be consistent with, to accord with
15.	讨论	tǎolùn	动	to discuss

16.	倒数	dàoshù	名	reciprocal
17.	转化	zhuǎnhuà	动	to transform
18.	形变	xíngbiàn	名	deformation
19.	质量守恒定律	zhìliàng shǒuhéng dìnglǜ		law of conservation of mass
20.	氧化汞	yǎnghuàgǒng	名	mercuric oxide
21.	分解	fēnjiě	动	to decompose
22.	成因	chéngyīn	名	cause (of formation)

第一部分 听力训练
Part 1 Listening Practice

词语练习 Vocabulary Exercises

1 听后跟读（每个词组听两遍）

Read after the recording. (Each phrase will be read twice.)

（1）

（2）

（3）

2 根据录音内容填空（每个句子听两遍）

Fill in the blanks according to the recording. (Each sentence will be read twice.)

（1）________你在生活中的________，________食盐的物理性质。

（2）请________具体的________说明：每一个力都同时存在施力物体和受力物体。

（3）________下列叙述____________，并说明________。

（4）________：一个点在角的平分线上，________：这个点到角两边的距离________。

（5）____________说明不可再生能源有什么________。

再听一遍，判断上面的句子是否让我们做以下事情

Listen again and judge if the sentences you hear tell you to do the following things.

（1）说说食盐的物理性质。　（　）

（2）举例说明：每一个力都同时存在施力物体和受力物体。　（　）

（3）判断正误。　（　）

（4）证明角平分线上的一个点到角两边的距离相等。　（　）

（5）说说可再生能源的特点有哪些。　（　）

句子练习 Sentence Exercises

1 听录音，复述以下指令，并用自己的话说说每个指令的要求（每个指令听两遍）

Listen to the recording and retell the directions. Talk about what one is supposed to do according to each direction in your own words. (Each direction will be read twice.)

（1）

（2）

（3）

（4）

（5）

2 根据录音内容选择正确答案（每个句子听两遍）

Choose the correct answers according to the recording. (Each sentence will be read twice.)

（1）A. 举例说明运动和静止是相对的

B. 证明静止是相对的

C. 找一个实例来说明运动是相对的

（2）A. 如果物体运动的加速度是0，速度就不是0

B. 找找有没有物体运动的加速度等于0，而速度不等于0的例子

C. 如果物体运动的加速度是0，速度就是0

（3）A. 跳远运动员在起跳前都会助跑，因为助跑对跳远有好处

B. 跳远运动员在起跳前助跑可以跳得更高更远，但是我不知道这是为什么

C. 在起跳前助跑有很多好处

（4）A. 一件　　B. 两件　　C. 三件

（5）A. 说说什么是氧气

B. 区分氧气和二氧化碳

C. 区分氧气的化学性质和物理性质

短文理解 Passage Comprehension

1 听短文，根据短文内容判断对错，对的画√，错的画×（短文听两遍）20-7

Listen to the passage and decide whether the following statements are true or false. True: √; false: ×. (The passage will be read twice.)

（1）力可以改变物体的运动状态和形状。（　　）

（2）应该举例说明是否每个力都有施力物体和受力物体。（　　）

（3）每个力都同时存在施力物体和受力物体。（　　）

（4）应该举例说明力可以让物体发生形变。（　　）

（5）每个力都同时让物体的运动状态和形状发生改变。（　　）

2 听短文，根据短文内容回答问题（短文听两遍）20-8

Answer the questions according to the passage. (The passage will be read twice.)

这段短文让我们做几件事？是什么？

听短文，做3至5题

Listen to the passage and do Exercises 3-5.

3 听第一遍，速记短文重要词语 20-9

Listen for the first time and take down the key words in shorthand.

4 听第二遍，根据短文内容判断对错，对的画√，错的画× 20-10

Listen for the second time and decide whether the following statements are true or false according to the passage. True: √; false: ×.

（1）牛顿第二定律告诉我们，很小的力也可以让物体产生加速度。（　　）

（2）短文中提到的现象与牛顿第二定律有矛盾。（　　）

（3）短文要求我们解释某个现象。（　　）

5 听第三遍，根据速记词语复述短文主要内容

Listen for the third time and retell the passage according to the key words you have taken down.

第二部分 口语练习 Part 2 Oral Practice

请先解释一下题目的要求，然后试着回答问题

First explain the requirements of the following problems, and then try to solve them.

（1）根据你在生活中的观察，描述一下盐和糖的物理性质（如颜色、味道、状态、与水的溶解、加热后会怎样等）

（2）结合具体的数字，判断下列说法的对错。认为对的，说明理由；认为错的，举出反例。

① 任何数都不等于它的相反数。

② 如果a大于b，那么a的倒数小于b的倒数。

（3）举几个发生火灾的事例，说明火灾发生的原因及如何防止火灾的发生。

趣味题 A problem for fun

老师把两种透明而又不相混的无色液体装在同一个烧瓶里，问学生："已知其中的一种是水，但不知道在哪一层，你们谁能想一个最简便的方法分辨出来？"你想出来了吗？

第二十一课 Lesson 21

问题解读（二）Understanding the Problems (Ⅱ)

学习目标 Objectives

1. 掌握下面的常用格式：
   （1）将……加以改正
   （2）补出空缺、完成填空
   （3）整理记录
   （4）写出探究报告
   （5）用图示表示
2. 理解短文给我们的任务是什么

词语表 New words and expressions

1.	里程碑	lǐchéngbēi	名	milestone, marker
2.	探究	tànjiū	动	to probe into
3.	格式	géshì	名	format
4.	环节	huánjié	名	link
5.	瓶子	píngzi	名	bottle
6.	塑料袋	sùliàodài	名	plastic bag
7.	灯泡	dēngpào	名	light bulb
8.	改正	gǎizhèng	动	to correct
9.	空缺	kòngquē	名	vacancy
10.	整理	zhěnglǐ	动	to sort out, to arrange
11.	公转	gōngzhuàn	名	revolution
12.	观测	guāncè	动	to observe
13.	木星	mùxīng	名	Jupiter

14.	行星	xíngxīng	名	planet
15.	功率	gōnglǜ	名	power
16.	报告	bàogào	名	report
17.	图示	túshì	名	graph, diagram
18.	估测	gūcè	动	to estimate

第一部分 听力训练
Part 1 Listening Practice

词语练习 Vocabulary Exercises

1 听后跟读（每个词组听两遍） 21-2

Read after the recording. (Each phrase will be read twice.)

（1）

（2）

（3）

（4）

（5）

2 根据录音内容填空（每个句子听两遍） 21-3

Fill in the blanks according to the recording. (Each sentence will be read twice.)

（1）你__________“空气是一种宝贵的资源”？

（2）如果要通过观测________木星的________，需要________哪些________？

（3）请________表中的________，并完成表后的________。

（4）________科学探究必要的________或者________，将其写下来。

（5）________本次探究活动的________，写出探究________。

再听一遍，判断上面的句子是否让我们做以下事情

Listen again and judge if the sentences you hear tell you to do the following things.

（1）说说为什么“空气是一种宝贵的资源”。（ ）

（2）去测量一些数据。（ ）

（3）完成表中的填空。（ ）

（4）将总结好的科学探究必要的环节或步骤写出来。（ ）

（5）整理上次活动记录。（ ）

句子练习 Sentence Exercises

1 根据录音内容选择正确答案（每个句子听两遍）

Choose the correct answers according to the recording. (Each sentence will be read twice.)

（1）A. 两个

B. 三个

C. 四个

（2）A. 回答试管口是不是能对着人

B. 解释为什么试管口能对着人或者不能对着人

C. 回答试管口为什么不能对着人

（3）A. 长方形的长和宽

B. 长方形的长宽之比

C. 长方形的面积和它的长宽之比

（4）A. 判断下列化学方程式是否正确

B. 判断后，说说为什么有的化学方程式写得不正确

C. 判断后，说说为什么有的化学方程式写得正确

（5）A. 如果是正多边形，要说出为什么

B. 如果不是正多边形，要举出实例

C. 这道题应该有“是”与“不是”两个正确答案

2 听录音，复述下列指令，并用自己的话说说每个指令的要求（每个指令听两遍）

Listen to the recording and retell the directions. Talk about what one is supposed to do according to each direction in your own words. (Each direction will be read twice.)

（1）

（2）

（3）

（4）

（5）

短文理解 Passage Comprehension

1 听短文，根据短文内容回答问题（短文听两遍）

Listen to the passage and answer the questions. (The passage will be read twice.)

（1）500g是什么数据？

（2）10m是什么数据？

（3）估计足球被踢出后在最高点的速度是多少？

（4）有了这些数据，短文要求我们做什么？

听短文，做2到3题

Listen to the passage and do Exercises 2-3.

2 听第一遍，速记短文中的重要词语并说说短文的主要内容

Listen for the first time and take down the key words in shorthand. Then tell what the passage is about.

3 听第二遍，根据速记内容回答问题

Listen for the second time and answer the questions according to the key words you have taken down.

（1）这段话问了几个问题？分别是什么？

（2）你会回答短文中问的问题吗？

4 听短文，根据短文内容判断对错，对的画√，错的画×（短文听两遍）

Listen to the passage and decide whether the following statements are true or false. True: √; false: ×. (The passage will be read twice.)

（1）太阳周围有很多行星绕它公转。（　　）

（2）木星绕太阳公转，也有行星绕木星公转。（　　）

（3）太阳和木星周围都有星星绕它们公转。（　　）

（4）木星的质量是可以计算出来的。（　　）

（5）短文要求计算出木星的质量是多少。（　　）

第二部分 口语练习
Part 2 Oral Practice

利用家中的常用物品，如空瓶子、水、塑料袋、玻璃瓶、小绳子等，设计下面两个小实验，并简单说明实验的步骤和方法

Design the two little experiments below by using the common objects in your daily life such as an empty bottle, water, a plastic bag, a glass bottle or a rope, etc. Briefly talk about the steps and methods of the experiments.

（1）设计一个证明空气存在的小实验。

（2）设计一个证明植物体内含有水的小实验。

趣味题 Problems for fun

1. 李老师问明明的姐姐今年几岁了。明明的姐姐说："4年前，我的年龄正好是弟弟年龄的4倍。"李老师又问明明："你姐姐今年几岁？"明明说："姐姐今年的年龄是我今年年龄的2倍。"请问今年姐姐、弟弟各几岁？

2. 有大小两盘苹果。如果从大盘中拿出一个苹果放在小盘里，两盘苹果就一样多；如果从小盘中拿出一个苹果放在大盘里，大盘苹果就是小盘的3倍。问大、小两盘苹果各有几个？

词语总表

Vocabulary

A	按照	按照	ànzhào	介	8
B	百分之	百分之	bǎi fēn zhī		1
	搬运	搬运	bānyùn	动	13
	半径	半径	bànjìng	名	3
	薄板	薄板	báobǎn	名	9
	保持	保持	bǎochí	动	15
	报告	报告	bàogào	名	21
	倍	倍	bèi	量	3
	边长	边长	biāncháng	名	4
	变化	变化	biànhuà	动	10
	变换	变换	biànhuàn	动	13
	变速	变速	biànsù	名	17
	标	标	biāo	动	9
	标记	标记	biāojì	动、名	16
	标志	标志	biāozhì	名	18
	表格	表格	biǎogé	名	14
	表面	表面	biǎomiàn	名	3
	表明	表明	biǎomíng	动	19
	波浪线	波浪线	bōlàngxiàn	名	16
	不等于	不等于	bù děngyú		1
	步骤	步骤	bùzhòu	名	8
C	材料	材料	cáiliào	名	7
	操作	操作	cāozuò	动	14
	测量	测量	cèliáng	动	9
	差	差	chā	名	1
	查出	查出	cháchū		9
	查找	查找	cházhǎo	动	16

长方形	长方形	chángfāngxíng	名	4
撤销	撤销	chèxiāo	动	17
沉	沉	chén	动	18
成因	成因	chéngyīn	名	20
乘	乘	chéng	动	1
程度	程度	chéngdù	名	19
持续	持续	chíxù	动、形	17
抽象	抽象	chōuxiàng	形	13
除以	除以	chúyǐ	动	1
处于	处于	chǔyú	动	15
处在	处在	chǔzài	动	5
触电	触电	chù diàn	动	18
传送	传送	chuánsòng	动	16
垂直	垂直	chuízhí	形	6
垂直（于）	垂直（于）	chuízhí（yú）	动	4
从而	从而	cóng'ér	连	11
D 达到	达到	dádào	动	15
大小	大小	dàxiǎo	名	7
大于	大于	dàyú		1
大于等于	大于等于	dàyú děngyú		1
大自然	大自然	dàzìrán	名	19
代替	代替	dàitì	动	10
单位	单位	dānwèi	名	2
单元格	单元格	dānyuángé	名	14
导体	导体	dǎotǐ	名	7
导线	导线	dǎoxiàn	名	16
倒回	倒回	dàohuí		11
倒数	倒数	dàoshù	名	20
得出	得出	déchū		8
得到	得到	dédào	动	10
灯泡	灯泡	dēngpào	名	21

	等式	等式	děngshì	名	2
	等于	等于	děngyú	动	1
	地壳	地壳	dìqiào	名	3
	地球	地球	dìqiú	名	3
	点	点	diǎn	名	4
	电流	电流	diànliú	名	7
	电路	电路	diànlù	名	18
	电压	电压	diànyā	名	7
	电阻	电阻	diànzǔ	名	7
	调查	调查	diàochá	动	20
	顶	顶	dǐng	动	9
	定则	定则	dìngzé	名	9
	动力	动力	dònglì	名	12
	动能	动能	dòngnéng	名	17
	端点	端点	duāndiǎn	名	4
	对边	对边	duìbiān	名	5
	钝角	钝角	dùnjiǎo	名	4
	躲	躲	duǒ	动	19
F	发生	发生	fāshēng	动	18
	发展	发展	fāzhǎn	动	16
	翻	翻	fān	动	8
	反比	反比	fǎnbǐ	名	7
	反比例	反比例	fǎnbǐlì	名	13
	反例	反例	fǎnlì	名	20
	反应	反应	fǎnyìng	名	10
	反之	反之	fǎnzhī	连	13
	方程	方程	fāngchéng	名	2
	方向	方向	fāngxiàng	名	6
	放大	放大	fàngdà	动	11
	放置	放置	fàngzhì	动	11
	非晶体	非晶体	fēijīngtǐ	名	15

沸点	沸点	fèidiǎn	名	16
沸腾	沸腾	fèiténg	动	5
分解	分解	fēnjiě	动	20
分析	分析	fēnxī	动	8
（X）分之（Y）	（X）分之（Y）	fēn zhī		1
分子	分子	fēnzǐ	名	14
封闭	封闭	fēngbì	动	4
否	否	fǒu	副	20
伏	伏	fú	量	18
浮	浮	fú	动	18
浮力	浮力	fúlì	名	18
符合	符合	fúhé	动	20
俯角	俯角	fǔjiǎo	名	6
负	负	fù	形	1
G 改正	改正	gǎizhèng	动	21
钙	钙	gài	名	14
感觉	感觉	gǎnjué	动、名	19
高压	高压	gāoyā	名	18
格式	格式	géshì	名	21
根	根	gēn	名	2
根号	根号	gēnhào	名	1
根据	根据	gēnjù	介	8
工地	工地	gōngdì	名	13
工业	工业	gōngyè	名	17
公转	公转	gōngzhuàn	名	21
功	功	gōng	名	13
功率	功率	gōnglǜ	名	21
共存	共存	gòngcún	动	15
构成	构成	gòuchéng	动	14
估测	估测	gūcè	动	21
关系	关系	guānxi	名	16

观测	观测	guāncè	动	21
观察	观察	guānchá	动	10
惯性	惯性	guànxìng	名	13
光缆	光缆	guānglǎn	名	16
过	过	guò	动	6
过程	过程	guòchéng	名	8
H 海洋	海洋	hǎiyáng	名	3
含有	含有	hányǒu	动	2
行	行	háng	名	14
航行	航行	hángxíng	动	12
合	合	hé	动	9
合并	合并	hébìng	动	11
合成	合成	héchéng	动	9
合力	合力	hélì	名	9
和	和	hé	名	1
恒定	恒定	héngdìng	动	15
衡量	衡量	héngliáng	动	13
弧	弧	hú	名	8
互为	互为	hùwéi	动	3
化合物	化合物	huàhéwù	名	17
化石	化石	huàshí	名	14
化学	化学	huàxué	名	3
画面	画面	huàmiàn	名	16
还原	还原	huányuán	动	10
环节	环节	huánjié	名	21
挥发	挥发	huīfā	动	5
会聚	会聚	huìjù	动	17
混合	混合	hùnhé	动	11
混合体	混合体	hùnhétǐ	名	11
活泼	活泼	huópō	形	3
火灾	火灾	huǒzāi	名	20

J 机械	机械	jīxiè	名	12
积	积	jī	名	1
基本	基本	jīběn	形	14
激光	激光	jīguāng	名	17
几何	几何	jǐhé	名	8
计算	计算	jìsuàn	动	1
技术	技术	jìshù	名	16
加	加	jiā	动	1
加热	加热	jiārè	动	10
加入	加入	jiārù	动	10
加速度	加速度	jiāsùdù	名	7
假想	假想	jiǎxiǎng	动、名	6
检查	检查	jiǎnchá	动	16
减	减	jiǎn	动	1
简称	简称	jiǎnchēng	动、名	12
建筑	建筑	jiànzhù	名	13
箭头	箭头	jiàntóu	名	9
箭尾	箭尾	jiànwěi	名	9
降低	降低	jiàngdī	动	16
交点	交点	jiāodiǎn	名	4
交融	交融	jiāoróng	动	15
角	角	jiǎo	名	4
结冰	结冰	jié bīng		18
结合	结合	jiéhé	动	8
截取	截取	jiéqǔ	动	8
解	解	jiě	名、动	2
解释	解释	jiěshì	动	13
介于……之间	介于……之间	jièyú……zhījiān		3
金	金	jīn	名	19
金属	金属	jīnshǔ	名	3
仅	仅	jǐn	副	6

	进行	进行	jìnxíng	动	9
	晶体	晶体	jīngtǐ	名	15
	酒精	酒精	jiǔjīng	名	11
	举	举	jǔ	动	17
	具体	具体	jùtǐ	形	20
	具有	具有	jùyǒu	动	10
	剧烈	剧烈	jùliè	形	10
	绝对值	绝对值	juéduìzhí	名	2
	均匀	均匀	jūnyún	形	11
K	看法	看法	kànfǎ	名	7
	空气	空气	kōngqì	名	14
	空缺	空缺	kòngquē	名	21
	扩大	扩大	kuòdà	动	13
	括号	括号	kuòhào	名	1
L	蜡	蜡	là	名	15
	蜡烛	蜡烛	làzhú	名	15
	泪	泪	lèi	名	19
	类	类	lèi	名	12
	里程碑	里程碑	lǐchéngbēi	名	21
	力	力	lì	名	2
	立方	立方	lìfāng	名	2
	例外	例外	lìwài	名	12
	例子	例子	lìzi	名	12
	粒子	粒子	lìzǐ	名	14
	联结	联结	liánjié	动	16
	联系	联系	liánxì	动	15
	量度	量度	liángdù	名	13
	亮度	亮度	liàngdù	名	17
	量	量	liàng	名	13
	列	列	liè	名	14
	邻边	邻边	línbiān	名	5

淋	淋	lín	动	19
菱形	菱形	língxíng	名	5
硫酸	硫酸	liúsuān	名	10
楼顶	楼顶	lóudǐng	名	13
陆地	陆地	lùdì	名	3
路程	路程	lùchéng	名	7
铝	铝	lǚ	名	3
氯化钠	氯化钠	lǜhuànà	名	14
氯气	氯气	lǜqì	名	17
轮船	轮船	lúnchuán	名	12
落	落	luò	动	6
M 满足	满足	mǎnzú	动	16
镁	镁	měi	名	10
密度	密度	mìdù	名	7
密切	密切	mìqiè	形	16
面积	面积	miànjī	名	2
描述	描述	miáoshù	动	20
明确	明确	míngquè	形	8
命名	命名	mìngmíng	动	12
命题	命题	mìngtí	名	8
摩擦	摩擦	mócā	名、动	17
摩擦力	摩擦力	mócālì	名	12
某	某	mǒu	代	15
木材	木材	mùcái	名	5
木条	木条	mùtiáo	名	10
木星	木星	mùxīng	名	21
N 钠	钠	nà	名	3
能量	能量	néngliàng	名	17
能源	能源	néngyuán	名	20
牛顿	牛顿	niúdùn	量	2
P 判断	判断	pànduàn	动	20

抛	抛	pāo	动	6
漂浮	漂浮	piāofú	动	18
拼写	拼写	pīnxiě	动	16
平方	平方	píngfāng	名	2
平面	平面	píngmiàn	名	4
平行	平行	píngxíng	形	6
平行（于）	平行（于）	píngxíng（yú）	动	1
平行四边形	平行四边形	píngxíngsìbiānxíng	名	4
平移	平移	píngyí	动	8
瓶子	瓶子	píngzi	名	21
Q 其	其	qí	代	15
其他	其他	qítā	代	5
起点	起点	qǐdiǎn	名	6
起重机	起重机	qǐzhòngjī	名	13
汽	汽	qì	名	15
汽化	汽化	qìhuà	动	3
汽油	汽油	qìyóu	名	5
铅	铅	qiān	名	9
且	且	qiě	连	6
求证	求证	qiúzhèng	动	8
曲线	曲线	qǔxiàn	名	4
全程	全程	quánchéng	名	1
全等	全等	quánděng	形	8
确定	确定	quèdìng	动	9
R 燃	燃	rán	动	10
燃料	燃料	ránliào	名	14
燃烧	燃烧	ránshāo	动	5
绕	绕	rào	动	4
热胀冷缩	热胀冷缩	rè zhàng lěng suō		12
人类	人类	rénlèi	名	16
任何	任何	rènhé	代	7

任意	任意	rènyì	形	8
溶化	溶化	rónghuà	动	15
溶解	溶解	róngjiě	动	10
熔点	熔点	róngdiǎn	名	15
熔化	熔化	rónghuà	动	15
锐角	锐角	ruìjiǎo	名	4
S 三角形	三角形	sānjiǎoxíng	名	4
商	商	shāng	名	1
上方	上方	shàng fāng		6
社会	社会	shèhuì	名	16
射线	射线	shèxiàn	名	4
摄氏度	摄氏度	shèshìdù	名	18
甚至	甚至	shènzhì	连	16
升高	升高	shēnggāo	动	16
生成	生成	shēngchéng	动	5
生锈	生锈	shēngxiù	动	5
失去	失去	shīqù	动	10
施加	施加	shījiā	动	17
石灰石	石灰石	shíhuīshí	名	14
石油	石油	shíyóu	名	14
实数	实数	shíshù	名	1
实验	实验	shíyàn	名	11
食盐	食盐	shíyán	名	14
使	使	shǐ	动	17
势能	势能	shìnéng	名	17
事例	事例	shìlì	名	20
试管	试管	shìguǎn	名	10
视线	视线	shìxiàn	名	6
受	受	shòu	动	6
输入	输入	shūrù	动	16
熟悉	熟悉	shúxī	动	14

属于	属于	shǔyú	动	20
竖	竖	shù	形、动	9
竖直	竖直	shùzhí	形	6
数	数	shù	名	1
数量	数量	shùliàng	名	15
数字	数字	shùzì	名	1
水滴	水滴	shuǐdī	名	11
水平	水平	shuǐpíng	名	6
四边形	四边形	sìbiānxíng	名	4
塑料袋	塑料袋	sùliàodài	名	21
算式	算式	suànshì	名	1
随着	随着	suízhe	介	12
缩小	缩小	suōxiǎo	动	13
所	所	suǒ	助	6
T 太阳	太阳	tàiyáng	名	3
弹力	弹力	tánlì	名	12
探究	探究	tànjiū	动	21
碳	碳	tàn	名	14
碳酸钙	碳酸钙	tànsuāngài	名	14
讨论	讨论	tǎolùn	动	20
特性	特性	tèxìng	名	19
踢	踢	tī	名	9
体积	体积	tǐjī	名	3
调节	调节	tiáojié	动	11
铁	铁	tiě	名	10
停止	停止	tíngzhǐ	动	17
通风	通风	tōngfēng	动	19
通过	通过	tōngguò	动	9
通信卫星	通信卫星	tōngxìn wèixīng		16
同类项	同类项	tónglèixiàng	名	11
铜	铜	tóng	名	10

桶	桶	tǒng	名、量	13
图示	图示	túshì	名	21
途径	途径	tújìng	名	8
推	推	tuī	动	8
推导	推导	tuīdǎo	动	8
W 外力	外力	wàilì	名	7
外压	外压	wàiyā	名	15
完全	完全	wánquán	副	15
网	网	wǎng	名	16
网络	网络	wǎngluò	名	16
匀速	匀速	yúnsù	名	17
危险	危险	wēixiǎn	形	18
微小	微小	wēixiǎo	形	11
维持	维持	wéichí	动	17
卫星	卫星	wèixīng	名	16
未	未	wèi	副	15
未知数	未知数	wèizhīshù	名	2
位置	位置	wèizhì	名	12
温度	温度	wēndù	名	15
文本	文本	wénběn	名	16
文档	文档	wéndàng	名	16
稳定	稳定	wěndìng	形	3
无	无	wú	动	2
无法	无法	wúfǎ	动	15
无关	无关	wúguān	动	7
无穷	无穷	wúqióng	形	2
物理	物理	wùlǐ	名	2
物理学	物理学	wùlǐxué	名	2
物态	物态	wùtài	名	15
物质	物质	wùzhì	名	5
X 稀	稀	xī	形	10

系数	系数	xìshù	名	11
下方	下方	xià fāng		6
下列	下列	xiàliè	形	20
咸	咸	xián	形	19
显微镜	显微镜	xiǎnwēijìng	名	19
线	线	xiàn	名	4
线段	线段	xiànduàn	名	6
相等	相等	xiāngděng	动	3
相对	相对	xiāngduì	形	20
相反	相反	xiāngfǎn	形	2
相交	相交	xiāngjiāo	动	4
向	向	xiàng	介	6
小于	小于	xiǎoyú		1
小于等于	小于等于	xiǎoyú děngyú		1
效果	效果	xiàoguǒ	名	12
斜交	斜交	xiéjiāo	动	4
锌	锌	xīn	名	3/10
行驶	行驶	xíngshǐ	动	7
行星	行星	xíngxīng	名	21
形变	形变	xíngbiàn	名	20
形成	形成	xíngchéng	动	14
形式	形式	xíngshì	名	2
形态	形态	xíngtài	名	5
性质	性质	xìngzhì	名	3
需要	需要	xūyào	动	13
悬浮	悬浮	xuánfú	动	18
悬挂	悬挂	xuánguà	动	9
旋转	旋转	xuánzhuǎn	动	4
选	选	xuǎn	动	9
雪花	雪花	xuěhuā	名	19
Y 压力	压力	yālì	名	12

压强	压强	yāqiáng	名	2
延长	延长	yáncháng	动	19
研究	研究	yánjiū	名、动	19
盐酸	盐酸	yánsuān	名	10
眼睛	眼睛	yǎnjing	名	11
仰角	仰角	yǎngjiǎo	名	6
氧化	氧化	yǎnghuà	动	10
氧化汞	氧化汞	yǎnghuàgǒng	名	20
氧气	氧气	yǎngqì	名	18
一旦	一旦	yídàn	副	18
移项	移项	yíxiàng	动	11
已知	已知	yǐ zhī		6
易	易	yì	形	19
影响	影响	yǐngxiǎng	动	7
由此	由此	yóucǐ	连	19
由于	由于	yóuyú	连	13
有关	有关	yǒuguān	动	7
有机物	有机物	yǒujīwù	名	17
有向	有向	yǒuxiàng	形	9
又	又	yòu	副	2
余数	余数	yúshù	名	8
圆	圆	yuán	名	4
圆心	圆心	yuánxīn	名	8
约等于	约等于	yuē děngyú		1
月球	月球	yuèqiú	名	3
匀速	匀速	yúnsù	名	17
Z 再生	再生	zàishēng	动	20
增大	增大	zēngdà	动	12
张力	张力	zhānglì	名	12
着火	着火	zháohuǒ	动	18
照射	照射	zhàoshè	动	17

折	折	zhé	动	8
整理	整理	zhěnglǐ	动	21
整体	整体	zhěngtǐ	名	14
正	正	zhèng	形	1
正比	正比	zhèngbǐ	名	7
正方形	正方形	zhèngfāngxíng	名	4
正数	正数	zhèngshù	名	3
证明	证明	zhèngmíng	动	8
之	之	zhī	助	3
之所以	之所以	zhīsuǒyǐ	连	17
支持	支持	zhīchí	动	6
支持力	支持力	zhīchílì	名	12
直角	直角	zhíjiǎo	名	4
直接	直接	zhíjiē	形	18
直线	直线	zhíxiàn	名	1
指向	指向	zhǐxiàng	名	9
制造	制造	zhìzào	动	9
制作	制作	zhìzuò	动	14
质量	质量	zhìliàng	名	7
质量守恒定律	质量守恒定律	zhìliàng shǒuhéng dìnglǜ		20
中点	中点	zhōngdiǎn	名	6
终点	终点	zhōngdiǎn	名	6
重力	重力	zhònglì	名	6
重心	重心	zhòngxīn	名	9
周	周	zhōu	名	4
周围	周围	zhōuwéi	名	5
砖	砖	zhuān	名	13
转化	转化	zhuǎnhuà	动	20
装	装	zhuāng	动	11
资料	资料	zīliào	名	16

自动	自动	zìdòng	副	16
自然界	自然界	zìránjiè	名	19
阻力	阻力	zǔlì	名	7
组	组	zǔ	名	5
组成	组成	zǔchéng	动	14
V（记、读、写、称）+作	V（记、读、写、称）+作	zuò		1
做功	做功	zuò gōng		13

听力文本及参考答案

LISTENING SCRIPTS AND ANSWERS

主　编◎韩志刚
编　者◎（按姓氏音序排名）
董　杰　韩志刚
杨爱芬　杨　娜
翻　译◎王子君

北京语言大学出版社
BEIJING LANGUAGE AND CULTURE UNIVERSITY PRESS

目　录
Contents

		印刷体文本	手写体文本	参考答案
第 一 课 Lesson 1	数学符号 Mathematical Symbols	1	3	5
第 二 课 Lesson 2	常用表达式 Common Expressions and Formulas	6	8	10
第 三 课 Lesson 3	简单数理关系 Simple Mathematical Relations	11	13	15
第 四 课 Lesson 4	常用数学图形及图形间的关系 Common Mathematical Graphics and Their Relations	16	18	20
第 五 课 Lesson 5	定义与说明 Definition and Illustration	22	24	27
第 六 课 Lesson 6	位置与方向 Location and Direction	28	30	32
第 七 课 Lesson 7	异同与比例 Similarity, Difference and Proportion	33	35	37
第 八 课 Lesson 8	运算与操作（数学） Calculation and Operation (Mathematics)	38	40	42
第 九 课 Lesson 9	运算与操作（物理） Calculation and Operation (Physics)	44	46	49
第 十 课 Lesson 10	运算与操作（化学） Calculation and Operation (Chemistry)	51	53	55
第十一课 Lesson 11	指令与要求 Instructions and Directions	57	59	62
第十二课 Lesson 12	分类与举例 Categorization and Exemplification	63	65	67

第十三课 Lesson 13	变换解释（说明） Explaining in Different Words	69	71	74
第十四课 Lesson 14	事物的构成 Composition of an Object or a Substance	76	78	80
第十五课 Lesson 15	事物的变化（一） Changes of Things (Ⅰ)	82	84	86
第十六课 Lesson 16	事物的变化（二） Changes of Things (Ⅱ)	87	89	91
第十七课 Lesson 17	因果联系 Cause and Effect	93	95	97
第十八课 Lesson 18	条件限制 Condition and Restriction	99	101	103
第十九课 Lesson 19	推论总结 Inference and Conclusion	105	107	109
第二十课 Lesson 20	问题解读（一） Understanding the Problems (Ⅰ)	111	113	115
第二十一课 Lesson 21	问题解读（二） Understanding the Problems (Ⅱ)	117	119	121

Mp3目录

Mp3 Contents

音轨 File	听力文本页码 Page	音轨 File	听力文本页码 Page
1–2	1/3	4–2	16/18
1–3	1/3	4–3	16/18
1–4	1/3	4–4	16/18
1–5	1/3	4–5	16/19
1–6	2/4	4–6	17/19
1–7	2/4	4–7	17/19
1–8	2/4	4–8	17/20
1–9	2/4	4–9	18/20
1–10	2/4	4–10	18/20
2–2	6/8	5–2	22/24
2–3	6/8	5–3	22/24
2–4	6/8	5–4	22/25
2–5	6/8	5–5	22/25
2–6	7/9	5–6	23/25
2–7	7/9	5–7	23/26
2–8	7/9	5–8	24/26
2–9	7/9	5–9	24/26
3–2	11/13	6–2	28/30
3–3	11/13	6–3	28/30
3–4	11/13	6–4	28/30
3–5	11/13	6–5	28/30
3–6	12/13	6–6	29/31
3–7	12/14	6–7	29/31
3–8	12/14	6–8	29/31
3–9	12/14	6–9	29/31

音轨 File	听力文本页码 Page
6–10	29/31
7–2	33/35
7–3	33/35
7–4	33/35
7–5	33/35
7–6	34/36
7–7	34/36
7–8	34/36
7–9	34/36
7–10	34/36
8–2	38/40
8–3	38/40
8–4	38/41
8–5	39/41
8–6	39/41
8–7	39/41
8–8	39/42
8–9	40/42
9–2	44/46
9–3	44/47
9–4	44/47
9–5	44/47
9–6	45/47
9–7	45/48
9–8	45/48
9–9	46/48
9–10	46/49
10–2	51/53
10–3	51/53

音轨 File	听力文本页码 Page
10–4	51/53
10–5	51/54
10–6	52/54
10–7	52/54
10–8	53/55
11–2	57/59
11–3	57/59
11–4	57/60
11–5	57/60
11–6	58/60
11–7	58/61
11–8	59/61
11–9	59/61
12–2	63/65
12–3	63/65
12–4	63/65
12–5	63/65
12–6	64/66
12–7	64/66
12–8	64/67
12–9	65/67
13–2	69/71
13–3	69/72
13–4	69/72
13–5	69/72
13–6	70/72
13–7	70/73
13–8	71/73
13–9	71/73

音轴 File	听力文本页码 Page
13–10	71/74
14–2	76/78
14–3	76/78
14–4	76/78
14–5	76/78
14–6	77/78
14–7	77/79
14–8	77/79
14–9	77/79
14–10	77/79
15–2	82/84
15–3	82/84
15–4	82/84
15–5	82/84
15–6	83/85
15–7	83/85
15–8	83/85
15–9	83/85
15–10	83/85
16–2	87/89
16–3	87/89
16–4	87/89
16–5	87/90
16–6	88/90
16–7	88/90
16–8	88/90
16–9	88/91
16–10	89/91
17–2	93/95

音轴 File	听力文本页码 Page
17–3	93/95
17–4	93/95
17–5	94/96
17–6	94/96
17–7	94/96
17–8	94/97
17–9	95/97
18–2	99/101
18–3	99/101
18–4	99/101
18–5	100/102
18–6	100/102
18–7	100/102
18–8	100/102
18–9	100/102
19–2	105/107
19–3	105/107
19–4	105/108
19–5	106/108
19–6	106/108
19–7	106/108
19–8	106/109
19–9	107/109
19–10	107/109
19–11	107/109
20–2	111/113
20–3	111/113
20–4	111/113
20–5	111/113

音轨 File	听力文本页码 Page
20–6	112/114
20–7	112/114
20–8	112/114
20–9	112/114
20–10	112/114
20–11	112/114
21–2	117/119
21–3	117/119
21–4	117/119
21–5	117/120
21–6	118/120
21–7	118/120
21–8	118/121
21–9	118/121
21–10	119/121

第一课 Lesson 1

数学符号 Mathematical Symbols

听力文本（印刷体） Listening Scripts (Printed)

第一部分　听力训练

词语练习

1. 听后跟读（每个词语听两遍） 1-2

（1）加　（2）减　（3）乘　（4）除以　（5）等于

（6）和　（7）差　（8）积　（9）商　（10）叫做

2. 在你听到的词语前面画√（每个词语听两遍） 1-3

（1）减　（2）上　（3）等于　（4）和　（5）积

（6）除以　（7）茶　（8）叫做　（9）括号　（10）数

句子练习

1. 在你听到的式子前面画√（每个式子听两遍） 1-4

（1）5小于9

（2）a与b的和不等于10

（3）$\frac{1}{5}$

（4）50的30%

（5）直线FG平行于直线DE

（6）根号x加根号y等于c

（7）90除以30

（8）5乘2

（9）x减y的差是2

（10）x大于y

2. 根据录音写算式（每个算式听三遍） 1-5

（1）19加8等于27。

（2）18减9等于9。

（3）3乘5等于15。

（4）27除以9等于3。

（5）2加3x大于y。

（6）a加b不等于44。

（7）2与5的积加上6。

（8）10减去6再加上7。

（9）括号里8减去10除以5。

（10）20除以10再乘9。

3. 根据录音计算问题的结果，然后选择正确答案（每个问题听两遍）

（1）5加3等于________。

（2）9减2等于________。

（3）2乘5等于________。

（4）6减1的差是________。

（5）8与4的和是________。

（6）12是3和哪个数的积？

（7）15除以5，商是多少？

（8）27是9和哪个数字的和？

（9）32减3的差是多少？

（10）4与6的和小于________。

短文理解

1. 听短文，根据短文内容选择正确答案（每段短文听两遍）

短文1

比较两个数字a和b的大小，可能有三种结果，即a大于b，a小于b，或者a等于b。

（1）比较a和b的大小，可能有几种结果？

（2）比较a和b的大小，第一种结果是什么？

短文2

现在我们来看这个问题：请你比较3（x+7）和3（x+4）这两个式子的大小，这个问题怎么解答呢？

（1）问题要求我们做什么？

（2）短文里提到的两个式子分别是：

2. 听短文，根据短文内容判断对错，对的画√，错的画×（每段短文听两遍）

短文1

a、b、c为实数，$a+b+c>0$，$abc<0$，$\frac{1}{a}+\frac{1}{b}+\frac{1}{c}>0$。

短文2

一辆汽车从A地开往B地，每小时走90公里，3小时走完了全程的$\frac{1}{2}$。

听力文本（手写体）

Listening Scripts (Handwritten)

第一部分　听力训练

词语练习

1. 听后跟读（每个词语听两遍）1-2

（1）加　（2）减　（3）乘　（4）除以　（5）等于

（6）和　（7）差　（8）积　（9）商　（10）叫做

2. 在你听到的词语前面画√（每个词语听两遍）1-3

（1）减　（2）上　（3）等于　（4）和　（5）积

（6）除以　（7）茶　（8）叫做　（9）括号　（10）数

句子练习

1. 在你听到的式子前面画√（每个式子听两遍）1-4

（1）5小于9

（2）a与b的和不等于10

（3）$\frac{1}{5}$

（4）50的30%

（5）直线FG平行于直线DE

（6）根号x加根号y等于c

（7）90除以30

（8）5乘2

（9）x减y的差是2

（10）x大于y

2. 根据录音写算式（每个算式听三遍）1-5

（1）19加8等于27。

（2）18减9等于9。

（3）3乘5等于15。

（4）27除以9等于3。

（5）2加3x大于y。

（6）a加b不等于44。

（7）2与5的积加上6。

（8）10减去6再加上7。

（9）括号里8减去10除以5。

（10）20除以10再乘9。

3. 根据录音计算问题的结果，然后选择正确答案（每个问题听两遍）

（1）5加3等于________。

（2）9减2等于________。

（3）2乘5等于________。

（4）6减1的差是________。

（5）8与4的和是________。

（6）12是3和哪个数的积？

（7）15除以5，商是多少？

（8）27是9和哪个数字的和？

（9）32减3的差是多少？

（10）4与6的和小于________。

短文理解

1. 听短文，根据短文内容选择正确答案（每段短文听两遍）

短文1

比较两个数字a和b的大小，可能有三种结果，即a大于b，a小于b，或者a等于b。

（1）比较a和b的大小，可能有几种结果？

（2）比较a和b的大小，第一种结果是什么？

短文2

现在我们来看这个问题：请你比较$3(x+7)$和$3(x+4)$这两个式子的大小，这个问题怎么解答呢？

（1）问题要求我们做什么？

（2）短文里提到的两个式子分别是：

2. 听短文，根据短文内容判断对错，对的画√，错的画×（每段短文听两遍）

短文1

a、b、c为实数，$a+b+c>0$，$abc<0$，$\frac{1}{a}+\frac{1}{b}+\frac{1}{c}>0$。

短文2

一辆汽车从A地开往B地，每小时走90公里，3小时走完了全程的$\frac{1}{2}$。

参考答案
Reference Answers

第一部分　听力训练

词语练习

2. （1）C　（2）B　（3）B　（4）C　（5）A
（6）C　（7）B　（8）A　（9）B　（10）C

句子练习

1. （1）A　（2）B　（3）A　（4）A　（5）A
（6）A　（7）B　（8）A　（9）B　（10）B

2. （1）$19+8=27$　（6）$a+b\neq 44$
（2）$18-9=9$　（7）$2\times 5+6$
（3）$3\times 5=15$　（8）$10-6+7$
（4）$27\div 9=3$　（9）$(8-10)\div 5$
（5）$2+3x>y$　（10）$20\div 10\times 9$

3. （1）B　（2）B　（3）A　（4）B　（5）B
（6）B　（7）A　（8）A　（9）A　（10）B

短文理解

1. 短文1：（1）C　（2）C
短文2：（1）C　（2）A

2. 短文1：（1）√　（2）×　（3）×
短文2：（1）×　（2）×　（3）√

趣味题：

分成的4份是：8、12、5、20。

第二课 Lesson 2

常用表达式 Common Expressions and Formulas

听力文本（印刷体）Listening Scripts (Printed)

第一部分　听力训练

词语练习

1. 听后跟读（每个词语听两遍）2-2

（1）相同　（2）无穷　（3）单位　（4）面积　（5）牛顿
（6）等式　（7）形式　（8）平方　（9）立方　（10）压强
（11）相反数　（12）绝对值　（13）平方根　（14）立方根　（15）未知数

2. 在你听到的词语前面画√（每个词语听两遍）2-3

（1）力　（2）相反　（3）根　（4）汉语　（5）立方
（6）等式　（7）长城　（8）压强　（9）小时　（10）单位

3. 在你听到的词语前面画√（每个词组或句子听两遍）2-4

（1）面积不大
（2）力的单位
（3）无穷多个解
（4）一元一次方程
（5）两本相同的书
（6）学习物理学
（7）压强是多少？
（8）2是4的平方根。
（9）3的立方是27。
（10）这个方程含有几个未知数？

句子练习

1. 根据录音内容判断对错，对的画√，错的画×（每个句子听两遍）2-5

（1）-3的相反数是3，1的相反数是-1，0的相反数是0。
（2）a和$-a$的绝对值相同，都大于等于0。
（3）这个方程没有解。
（4）a的平方加b等于c。

（5）3分之a减去b。

（6）x的绝对值大于y。

（7）a的平方根是b加2。

（8）x的立方根加1等于y。

（9）x的平方与y的差等于a与b的乘积。

（10）a的立方加b的平方大于14。

2. 根据录音内容选择正确的数学表示法（每个数字或代数式听两遍）2-6

（1）五分之三

（2）六加五分之x

（3）二又七分之三

（4）负a的绝对值

（5）b的绝对值除以a

（6）a与b之和的平方

（7）x的平方根与y的立方根之差

（8）a的绝对值与b的绝对值之和大于$2x$

3. 根据录音内容写算式（每个算式听三遍）2-7

（1）5分之x

（2）3又8分之1

（3）a与b的平方和

（4）x与y之差的平方根

（5）x的立方加$3y$等于26

（6）a与b之和的绝对值大于x的绝对值

（7）a与b的立方差是x的3倍

短文理解

1. 听短文，根据短文内容选择正确答案（短文听两遍）2-8

在物理学中，力的单位是牛顿(N)，面积的单位是平方米(m^2)，压强的单位是每平方米牛顿 (N/m^2)，读作牛顿每平方米。如果5平方米的面积上受到的力是20牛顿，那么，压强就是4牛顿每平方米。

（1）力的单位是：

（2）面积的单位是：

（3）牛顿每平方米是：

（4）短文中没有提到的是：

2. 听短文，根据短文内容判断对错，对的画√，错的画×（短文听两遍）2-9

含有未知数的等式叫做方程。一元一次方程的形式是：$ax+b=0$，它的解是$x=-\frac{b}{a}$。当a等于0，b不等于0时，方程无解；当a等于0，b等于0时，方程有无穷多个解。

听力文本（手写体）
Listening Scripts (Handwritten)

第一部分 听力训练

词语练习

1. 听后跟读（每个词语听两遍）2-2

（1）相同 （2）无穷 （3）单位 （4）面积 （5）牛顿
（6）等式 （7）形式 （8）平方 （9）立方 （10）压强
（11）相反数 （12）绝对值 （13）平方根 （14）立方根 （15）未知数

2. 在你听到的词语前面画√（每个词语听两遍）2-3

（1）力 （2）相反 （3）根 （4）汉语 （5）立方
（6）等式 （7）长城 （8）压强 （9）小时 （10）单位

3. 在你听到的词语前面画√（每个词组或句子听两遍）2-4

（1）面积不大
（2）力的单位
（3）无穷多个解
（4）一元一次方程
（5）两本相同的书
（6）学习物理学
（7）压强是多少？
（8）2是4的平方根。
（9）3的立方是27。
（10）这个方程含有几个未知数？

句子练习

1. 根据录音内容判断对错，对的画√，错的画×（每个句子听两遍）2-5

（1）-3的相反数是3，1的相反数是-1，0的相反数是0。
（2）a和$-a$的绝对值相同，都大于等于0。
（3）这个方程没有解。
（4）a的平方加b等于c。
（5）3分之a减去b。
（6）x的绝对值大于y。
（7）a的平方根是b加2。

（8）x的立方根加1等于y。

（9）x的平方与y的差等于a与b的乘积。

（10）a的立方加b的平方大于14。

2. 根据录音内容选择正确的数学表示法（每个数字或代数式听两遍）2-6

（1）五分之三

（2）六加五分之x

（3）二又七分之三

（4）负a的绝对值

（5）b的绝对值除以a

（6）a与b之和的平方

（7）x的平方根与y的立方根之差

（8）a的绝对值与b的绝对值之和大于$2x$

3. 根据录音内容写算式（每个算式听三遍）2-7

（1）5分之x

（2）3又8分之1

（3）a与b的平方和

（4）x与y之差的平方根

（5）x的立方加$3y$等于26

（6）a与b之和的绝对值大于x的绝对值

（7）a与b的立方差是x的3倍

短文理解

1. 听短文，根据短文内容选择正确答案（短文听两遍）2-8

在物理学中，力的单位是牛顿(N)，面积的单位是平方米(m^2)，压强的单位是每平方米牛顿 (N/m^2)，读作牛顿每平方米。如果5平方米的面积上受到的力是20牛顿，那么，压强就是4牛顿每平方米。

（1）力的单位是：

（2）面积的单位是：

（3）牛顿每平方米是：

（4）短文中没有提到的是：

2. 听短文，根据短文内容判断对错，对的画√，错的画×（短文听两遍）2-9

含有未知数的等式叫做方程。一元一次方程的形式是：$ax+b=0$，它的解是$x=-\frac{b}{a}$。当a等于0，b不等于0时，方程无解；当a等于0，b等于0时，方程有无穷多个解。

参考答案
Reference Answers

第一部分　听力训练

词语练习

2. （1）C　（2）A　（3）A　（4）C　（5）B
（6）A　（7）B　（8）A　（9）C　（10）B

3. （1）B　（2）A　（3）B　（4）A　（5）A
（6）B　（7）B　（8）B　（9）A　（10）A

句子练习

1. （1）√　（2）×　（3）√　（4）×　（5）×
（6）√　（7）×　（8）×　（9）×　（10）√

2. （1）A　（2）C　（3）A　（4）A
（5）A　（6）B　（7）C　（8）A

3. （1）$\frac{x}{5}$　（2）$3\frac{1}{8}$　（3）a^2+b^2　（4）$\sqrt{x-y}$
（5）$x^3+3y=26$　（6）$|a+b|>|x|$　（7）$a^3-b^3=3x$

短文理解

1. （1）C　（2）B　（3）C　（4）B

2. （1）√　（2）×　（3）×　（4）√

趣味题：

⑨ − ⑤ = ④
　　　　　×
⑥ ÷ ③ = ②
　　　　　‖
① + ⑦ = ⑧

第三课 Lesson 3

简单数理关系 Simple Mathematical Relations

听力文本（印刷体） Listening Scripts (Printed)

第一部分　听力训练

词语练习

1. 听后跟读（每个词语听两遍）

（1）太阳　（2）地球　（3）月亮　（4）陆地　（5）海洋
（6）表面　（7）体积　（8）面积　（9）正数　（10）实数
（11）半径　（12）性质　（13）化学　（14）物理　（15）活泼
（16）稳定　（17）互为　（18）相等

2. 在你听到的词语前面画√（每个词语听两遍）

（1）正数　（2）皮球　（3）活泼　（4）无理　（5）体积
（6）相等　（7）性质　（8）半径　（9）太阳　（10）陆地

3. 在你听到的词语前面画√（每个词组或句子听两遍）

（1）物理性质
（2）月球的半径
（3）地球的表面
（4）3的2倍
（5）化学性质
（6）什么是实数?
（7）海洋的面积很大。
（8）a和b互为相反数。
（9）这两个数字不相等。
（10）我喜欢活泼的孩子。

句子练习

1. 根据录音内容判断对错，对的画√，错的画×（每个句子听两遍）

（1）a与b之和为201。
（2）x的绝对值是6 。
（3）x是y的平方。
（4）n的绝对值不大于3。
（5）a与b之差是正数。
（6）x是y的9倍。
（7）x与y的乘积的一半。
（8）他睡觉的时间不多于5个小时。
（9）他睡觉的时间比妻子少2个小时。
（10）x的大小介于12与23之间。

2. 根据录音内容选择正确答案（每个句子听两遍）

（1）x和y是两个不相等的实数。

问：从这句话我们知道：

（2）减去一个数等于加上这个数的相反数。

问：这句话没有提到：

（3）月球的半径是地球的四分之一，体积只有地球的四十九分之一。

问：月球的体积是地球体积的：

（4）有一个数大于2且小于5。

问：句子提到的那个数是：

（5）地球表面陆地面积与海洋面积的比约为3:7。

问：下面说法正确的是：

（6）铝是地壳中含量最丰富的金属，但它的价格比铁高。

问：下面说法正确的是：

（7）钠比铁、铝等金属活泼得多，铁比钠的化学性质稳定得多。

问：从这句话我们可以知道：

（8）水在汽化时体积增大约1700倍。

问：从这句话我们可以知道：

短文理解

1. 听短文，根据短文内容判断对错，对的画√，错的画×（每段短文听两遍）

短文1

x大于y，即x比y大；x不小于y，即x大于等于y；x是y的3倍，即y是x的$\frac{1}{3}$。

短文2

a与b的乘积是c的平方的2倍；5的绝对值是5，-5的绝对值也是5，5和-5互为相反数。

2. 听短文，根据短文内容选择正确答案（短文听两遍）

地球的大小介于太阳和月球之间，太阳比地球大，月亮比地球小。太阳的半径是地球的109倍，体积是地球的130万倍。月球的半径是地球的$\frac{1}{4}$，体积只有地球的$\frac{1}{49}$。地球表面70%的面积是海洋，30%的面积是陆地。

（1）地球的体积是太阳的：

（2）这段话没有谈到地球的：

（3）这段话没有比较：

听力文本（手写体）
Listening Scripts (Handwritten)

第一部分　听力训练

词语练习

1. 听后跟读（每个词语听两遍）3-2

（1）太阳　（2）地球　（3）月亮　（4）陆地　（5）海洋
（6）表面　（7）体积　（8）面积　（9）正数　（10）实数
（11）半径　（12）性质　（13）化学　（14）物理　（15）活泼
（16）稳定　（17）互为　（18）相等

2. 在你听到的词语前面画√（每个词语听两遍）3-3

（1）正数　（2）皮球　（3）活泼　（4）无理　（5）体积
（6）相等　（7）性质　（8）半径　（9）太阳　（10）陆地

3. 在你听到的词语前面画√（每个词组或句子听两遍）3-4

（1）物理性质
（2）月球的半径
（3）地球的表面
（4）3的2倍
（5）化学性质
（6）什么是实数？
（7）海洋的面积很大。
（8）a和b互为相反数。
（9）这两个数字不相等。
（10）我喜欢活泼的孩子。

句子练习

1. 根据录音内容判断对错，对的画√，错的画×（每个句子听两遍）3-5

（1）a与b之和为201。
（2）x的绝对值是6。
（3）x是y的平方。
（4）n的绝对值不大于3。
（5）a与b之差是正数。
（6）x是y的9倍。
（7）x与y的乘积的一半。
（8）他睡觉的时间不多于5个小时。
（9）他睡觉的时间比妻子少2个小时。
（10）x的大小介于12与23之间。

2. 根据录音内容选择正确答案（每个句子听两遍）3-6

（1）x和y是两个不相等的实数。

问：从这句话我们知道：

（2）减去一个数等于加上这个数的相反数。

问：这句话没有提到：

（3）月球的半径是地球的四分之一，体积只有地球的四十九分之一。

问：月球的体积是地球体积的：

（4）有一个数大于2且小于5。

问：句子提到的那个数是：

（5）地球表面陆地面积与海洋面积的比约为3:7。

问：下面说法正确的是：

（6）铝是地壳中含量最丰富的金属，但它的价格比铁高。

问：下面说法正确的是：

（7）钠比铁、铝等金属活泼得多，铁比钠的化学性质稳定得多。

问：从这句话我们可以知道：

（8）水在汽化时体积增大约1700倍。

问：从这句话我们可以知道：

短文理解

1. 听短文，根据短文内容判断对错，对的画√，错的画×（每段短文听两遍）

短文1 3-7

x大于y，即x比y大；x不小于y，即x大于等于y；x是y的3倍，即y是x的$\frac{1}{3}$。

短文2 3-8

a与b的乘积是c的平方的2倍；5的绝对值是5，－5的绝对值也是5，5和－5互为相反数。

2. 听短文，根据短文内容选择正确答案（短文听两遍） 3-9

地球的大小介于太阳和月球之间，太阳比地球大，月亮比地球小。太阳的半径是地球的109倍，体积是地球的130万倍。月球的半径是地球的$\frac{1}{4}$，体积只有地球的$\frac{1}{49}$。地球表面70%的面积是海洋，30%的面积是陆地。

（1）地球的体积是太阳的：

（2）这段话没有谈到地球的：

（3）这段话没有比较：

参考答案
Reference Answers

第一部分　听力训练

词语练习

2. （1）A　（2）A　（3）C　（4）C　（5）C
（6）B　（7）A　（8）C　（9）A　（10）A

3. （1）A　（2）B　（3）A　（4）A　（5）B
（6）A　（7）B　（8）B　（9）A　（10）B

句子练习

1. （1）√　（2）×　（3）×　（4）√　（5）√
（6）×　（7）×　（8）×　（9）√　（10）√

2. （1）C　（2）C　（3）C　（4）B
（5）B　（6）B　（7）B　（8）B

短文理解

1. 短文1：（1）×　（2）√
短文2：（1）×　（2）×

2. （1）C　（2）A　（3）C

趣味题：

A是4；B是9；C是5。

第四课 Lesson 4

常用数学图形及图形间的关系
Common Mathematical Graphics and Their Relations

听力文本（印刷体）
Listening Scripts (Printed)

第一部分 听力训练

词语练习

1. 听后跟读（每个词语听两遍）

（1）直线 （2）圆 （3）平面 （4）长方形 （5）四边形

（6）三角形 （7）直角 （8）面积 （9）曲线 （10）相交

2. 在你听到的图形前画√（每个听两遍）

（1）四边形 （2）三角形 （3）锐角 （4）长方形 （5）正方形

（6）圆 （7）直角 （8）曲线 （9）平行 （10）相交

3. 听录音，画出相应的图形（每个听两遍）

（1）直线

（2）圆

（3）正方形

（4）锐角

（5）长方形

（6）三角形

（7）两条线平行

（8）直角

（9）两条线相交

（10）曲线

句子练习

1. 根据录音内容判断对错，对的画√，错的画×（每个听两遍）

（1）三条直线

（2）长方形*ABCD*

（3）三个正方形

（4）两个三角形，其中一个是直角三角形

（5）两个三角形，其中一个是钝角三角形

（6）直线AB垂直于直线CD

（7）两条曲线

（8）三个圆，两个大，一个小

（9）直线AB与直线CD相平行

（10）角a和角b都是锐角

2. 根据录音内容选择正确答案（每个句子听两遍）4-6

（1）一个边长是3米的正方形，面积是多少？

（2）两组对边都平行的四边形叫做什么？

（3）一个长方形草地，宽3米，长是宽的2倍，这个草地的面积是多少？

（4）在直角三角形中，几个角是直角？

（5）两条直线相交成直角时，它们的关系是什么？

（6）在一个平面内，如果两条直线不相交，它们的关系是什么？

（7）直线与平面相交，有垂直相交和斜交两种。

问：直线与平面相交，有几种情况？

（8）当一条射线绕着端点旋转一周的时候，射线上的一点画出一条封闭的曲线。

问：这句话没有提到什么？

短文理解

1. 听短文，根据短文内容选择正确答案（每段短文听两遍）

短文1 4-7

当一条射线绕着它的端点旋转一周的时候，射线上的一点就画出一条封闭的曲线，我们称这条曲线为圆。

（1）录音中说当一条什么绕着它的端点旋转一周？

（2）我们把这样的曲线称为：

短文2 4-8

直线与平面相交，有垂直相交和斜交两种。在日常生活中，我们会遇到很多直线与平面垂直的情况，如墙与地面、桌子腿和地面等等。

（1）短文说的是什么和什么相交的情况？

（2）直线与平面相交，有什么相交和斜交两种？

2. 听短文，根据短文内容判断对错，对的画√，错的画×（每段短文听两遍）

短文1

在同一平面内不相交的两条直线叫做平行线。相交成直角的两条直线称为互相垂直。如果两条直线垂直相交，我们把其中一条叫做另一条的垂线。

短文2

直线与平面的位置关系有三种情况：

（1）直线在平面内，此时直线与平面有无数个交点。

（2）直线与平面相交，此时直线与平面只有一个交点。

（3）直线与平面平行，此时直线与平面没有交点。

听力文本（手写体）
Listening Scripts (Handwritten)

第一部分　听力训练

词语练习

1. 听后跟读（每个词语听两遍）

（1）直线　（2）圆　（3）平面　（4）长方形　（5）四边形

（6）三角形　（7）直角　（8）面积　（9）曲线　（10）相交

2. 在你听到的图形前面画√（每个听两遍）

（1）四边形　（2）三角形　（3）锐角　（4）长方形　（5）正方形

（6）圆　（7）直角　（8）曲线　（9）平行　（10）相交

3. 听录音，画出相应的图形（每个听两遍）

（1）直线　（6）三角形

（2）圆　（7）两条线平行

（3）正方形　（8）直角

（4）锐角　（9）两条线相交

（5）长方形　（10）曲线

句子练习

1. 根据录音内容判断对错，对的画√，错的画×（每个听两遍）

（1）三条直线

（2）长方形$ABCD$

（3）三个正方形

（4）两个三角形，其中一个是直角三角形

（5）两个三角形，其中一个是钝角三角形

（6）直线AB垂直于直线CD

（7）两条曲线

（8）三个圆，两个大，一个小

（9）直线AB与直线CD相平行

（10）角a和角b都是锐角

2. 根据录音内容选择正确答案（每个句子听两遍）

（1）一个边长是3米的正方形，面积是多少？

（2）两组对边都平行的四边形叫做什么？

（3）一个长方形草地，宽3米，长是宽的2倍，这个草地的面积是多少？

（4）在直角三角形中，几个角是直角？

（5）两条直线相交成直角时，它们的关系是什么？

（6）在一个平面内，如果两条直线不相交，它们的关系是什么？

（7）直线与平面相交，有垂直相交和斜交两种。

问：直线与平面相交，有几种情况？

（8）当一条射线绕着端点旋转一周的时候，射线上的一点画出一条封闭的曲线。

问：这句话没有提到什么？

短文理解

1. 听短文，根据短文内容选择正确答案（每段短文听两遍）

短文1

当一条射线绕着它的端点旋转一周的时候，射线上的一点就画出一条封闭的曲线，我们称这条曲线为圆。

（1）录音中说当一条什么绕着它的端点旋转一周？

（2）我们把这样的曲线称为：

短文2

直线与平面相交，有垂直相交和斜交两种。在日常生活中，我们会遇到很多直线与平面垂直的情况，如墙与地面，桌子腿和地面等等。

（1）短文说的是什么和什么相交的情况？

（2）直线与平面相交，有什么相交和斜交两种？

2. 听短文，根据短文内容判断对错，对的画√，错的画×（每段短文听两遍）

短文1

在同一平面内不相交的两条直线叫做平行线。相交成直角的两条直线称为互相垂直。如果两条直线垂直相交，我们把其中一条叫做另一条的垂线。

短文2

直线与平面的位置关系有三种情况：

（1）直线在平面内，此时直线与平面有无数个交点。

（2）直线与平面相交，此时直线与平面只有一个交点。

（3）直线与平面平行，此时直线与平面没有交点。

参考答案

Reference Answers

第一部分 听力训练

句子练习

1. （1）√ （2）× （3）× （4）√ （5）√
（6）× （7）× （8）× （9）× （10）×

2. （1）B （2）C （3）B （4）A
（5）C （6）A （7）B （8）A

短文理解

1. 短文1：（1）C　　（2）A
   短文2：（1）B　　（2）A

2. 短文1：（1）×　　（2）√
   短文2：（1）×　　（2）×

趣味题：

2. 1961年

第五课 Lesson 5

定义与说明 Definition and Illustration

听力文本（印刷体）Listening Scripts (Printed)

第一部分 听力训练

词语练习

1. 听后跟读（每个词语听两遍）5-2

（1）物质 （2）对边 （3）沸腾 （4）生锈 （5）形态
（6）邻边 （7）菱形 （8）木材 （9）物理 （10）汽油

2. 在你听到的词语前面画√（每个词语听两遍）5-3

（1）物质 （2）物理 （3）汽油 （4）沸腾 （5）对边
（6）生锈 （7）形态 （8）木材 （9）周围 （10）邻边

3. 在你听到的词语前面画√（每个词组听两遍）5-4

（1）世界的物质
（2）最近我常胃疼
（3）不断地变化
（4）两组对边
（5）今天他发烧了
（6）两组对边分别平行
（7）含有未知数的等式
（8）它的值是未知的
（9）在同一平面内不相交
（10）邻边相等的平行四边形

句子练习

1. 根据录音内容判断对错，对的画√，错的画×(每个词组或句子听两遍) 5-5

（1）在等式$5x-7=8$中
（2）字母x也表示一个数。
（3）我们把含有未知数的等式叫做方程。
（4）世界的物质处在不断地变化中。
（5）有些变化生成了其他物质。

（6）铁的生锈是化学变化。

（7）水的沸腾是物理变化。

（8）两组对边分别平行的四边形叫平行四边形。

（9）矩形也就是长方形。

（10）在等式$8x-9=10$中，有三个已知数。

2. 根据录音内容选择正确答案（每个句子听两遍）

（1）$2x+6y=18$是一个含有未知数的等式。

问：这个等式中有几个未知数？

（2）方程是含有未知数的等式。

问：这句话没有提到：

（3）在方程$5x-9y+z=26$中，已知数和未知数的关系是：

（4）能生成其他物质的变化叫做化学变化，例如木材的燃烧、铁的生锈等。

问：这句话告诉我们：

（5）有的变化只是物质的形态发生变化，并不生成其他物质，这是物理变化。

问：这句话是在说：

（6）同一平面内不相交的两条直线叫做平行线。

问：这句话是在说：

（7）一个角是直角，一组邻边相等的平行四边形叫做正方形。

问：从这句话中，我们知道正方形：

（8）长方形也可以叫做矩形，是有一个直角的平行四边形。

问：这句话是在说：

短文理解

1. 听短文，根据短文内容选择正确答案（每段短文听两遍）

短文1

在等式$5x-7=8$中，5、7、8这三个数都是已知的，像这样的数叫做已知数；字母x也表示一个数，相当于一个问号“？”，它是未知的，这样的数叫做未知数；等式$5x-7=8$是含有未知数x的等式。我们把含有未知数的等式叫做方程。

（1）这段话主要告诉我们什么是：

（2）我们把含有什么的等式叫做方程？

短文2

世界的物质处在不断的变化中。有的变化只是物质的形态发生了变化，没有其他物质的生成。我们把这种变化称作物理变化，例如水的沸腾、汽油的挥发等。有的变化生成了其他物质。我们把这种变化称作化学变化，例如木材的燃烧、铁的生锈等。

（1）有的变化只是物质的形态发生了变化，没有其他什么的生成？

（2）这段话说明了物质的几种变化？

2. 听短文，根据短文内容选择正确答案（短文听两遍）

在同一平面内不相交的两条直线叫做平行线。两组对边分别平行的四边形叫做平行四边形。一个角是直角的平行四边形叫做矩形。一组邻边相等的平行四边形叫做菱形。一个是直角，一组邻边相等的平行四边形叫做正方形。

（1）在同一平面内不相交的两条什么叫做平行线？

（2）有一个角是直角的什么图形叫做矩形？

（3）这段话一共介绍了几种数学图形？

听力文本（手写体）
Listening Scripts (Handwritten)

第一部分　听力训练

词语练习

1. 听后跟读（每个词语听两遍）

（1）物质	（2）对边	（3）沸腾	（4）生锈	（5）形态
（6）邻边	（7）菱形	（8）木材	（9）物理	（10）汽油

2. 在你听到的词语前面画√（每个词语听两遍）

（1）物质	（2）物理	（3）汽油	（4）沸腾	（5）对边
（6）生锈	（7）形态	（8）木材	（9）周围	（10）邻边

3. 在你听到的词语前面画√（每个词组听两遍）

（1）世界的物质

（2）最近我常胃疼

（3）不断地变化

（4）两组对边

（5）今天他发烧了

（6）两组对边分别平行

（7）含有未知数的等式

（8）它的值是未知的

（9）在同一平面内不相交

（10）邻边相等的平行四边形

句子练习

1. 根据录音内容判断对错，对的画√，错的画×(每个词组或句子听两遍)

（1）在等式$5x-7=8$中

（2）字母x也表示一个数。

（3）我们把含有未知数的等式叫做方程。

（4）世界的物质处在不断地变化中。

（5）有些变化生成了其他物质。

（6）铁的生锈是化学变化。

（7）水的沸腾是物理变化。

（8）两组对边分别平行的四边形叫平行四边形。

（9）矩形也就是长方形。

（10）在等式$8x-9=10$中，有三个已知数。

2. 根据录音内容选择正确答案（每个句子听两遍）

（1）$2x+6y=18$是一个含有未知数的等式。

问：这个等式中有几个未知数？

（2）方程是含有未知数的等式。

问：这句话没有提到：

（3）在方程$5x-9y+z=26$中，已知数和未知数的关系是：

（4）能生成其他物质的变化叫做化学变化，例如木材的燃烧、铁的生锈等。

问：这句话告诉我们：

（5）有的变化只是物质的形态发生变化，并不生成其他物质，这是物理变化。

问：这句话是在说：

（6）同一平面内不相交的两条直线叫做平行线。

问：这句话是在说：

（7）一个角是直角，一组邻边相等的平行四边形叫做正方形。

问：从这句话中，我们知道正方形：

（8）长方形也可以叫做矩形，是有一个直角的平行四边形。

问：这句话是在说：

短文理解

1. 听短文，根据短文内容选择正确答案（每段短文听两遍）

短文1 5-7

在等式$5x-7=8$中，5、7、8这三个数都是已知的，像这样的数叫做已知数；字母x也表示一个数，相当于一个问号“？”，它是未知的，这样的数叫做未知数；等式$5x-7=8$是含有未知数x的等式。我们把含有未知数的等式叫做方程。

（1）这段话主要告诉我们什么是：

（2）我们把含有什么的等式叫做方程？

短文2 5-8

世界的物质处在不断的变化中。有的变化只是物质的形态发生了变化，没有其他物质的生成。我们把这种变化称作物理变化，例如水的沸腾、汽油的挥发等。有的变化生成了其他物质。我们把这种变化称作化学变化，例如木材的燃烧、铁的生锈等。

（1）有的变化只是物质的形态发生了变化，没有其他什么的生成？

（2）这段话说明了物质的几种变化？

2. 听短文，根据短文内容选择正确答案（短文听两遍） 5-9

在同一平面内不相交的两条直线叫做平行线。两组对边分别平行的四边形叫做平行四边形。一个角是直角的平行四边形叫做矩形。一组邻边相等的平行四边形叫做菱形。一个是直角，一组邻边相等的平行四边形叫做正方形。

（1）在同一平面内不相交的两条什么叫做平行线？

（2）有一个角是直角的什么图形叫做矩形？

（3）这段话一共介绍了几种数学图形？

参考答案
Reference Answers

第一部分　听力训练

词语练习

2. （1）A　（2）B　（3）A　（4）A　（5）B
（6）A　（7）B　（8）A　（9）A　（10）A

3. （1）B　（2）B　（3）A　（4）B　（5）B
（6）A　（7）A　（8）A　（9）B　（10）A

句子练习

1. （1）×　（2）×　（3）√　（4）√　（5）×
（6）×　（7）√　（8）×　（9）×　（10）√

2. （1）B　（2）C　（3）A　（4）C
（5）A　（6）C　（7）B　（8）A

短文理解

1. 短文1：（1）C　（2）B
短文2：（1）A　（2）B

2. （1）A　（2）C　（3）C

趣味题：

1. 字典
2. 小花是一条小狗

第六课 Lesson 6

位置与方向 Location and Direction

听力文本（印刷体）
Listening Scripts (Printed)

第一部分　听力训练

词语练习

1. 用拼音写出你听到的词语（每个词语听两遍）

（1）水平　（2）竖直　（3）平行　（4）垂直　（5）重力

（6）支持　（7）相交　（8）起点　（9）仰角　（10）俯角

2. 在你听到的词语前面画√（每个词语听两遍）

（1）视线　（2）落　（3）抛　（4）仅　（5）中点

（6）直线　（7）角　（8）方向　（9）且　（10）垂直

3. 听后跟读（每个词组听两遍）

（1）竖直向上

（2）落回手中

（3）在水平线上方

（4）与水平面平行

（5）抛出苹果

（6）向下的重力

（7）过直线外一点

（8）线段AA'的中点

句子练习

1. 根据录音内容判断对错，对的画√，错的画×（每个句子听两遍）

（1）现代汽车速度很快。

（2）视线是眼睛看物体时，眼睛和物体之间的假想直线。

（3）与水平面平行的线叫做水平线。

（4）坐在汽车上，向上抛出苹果，苹果会落回手中。

（5）放在桌子上的书，受到向下的重力和桌子表面对它向上的支持力。

（6）过直线外一点有且仅有一条直线与已知直线平行。

（7）点O是线段AA'上的一点。

（8）书包在桌子下方。

2. 根据录音内容选择正确答案（每个词组或句子听两遍）

（1）线段AB

（2）中点为O的线段AB

（3）直线AA'平行于直线BB'

（4）直线AA'垂直于直线BB'，在点O相交。

（5）视线与树的角度为仰角45° 。

（6）竖直向下抛出苹果。

（7）起点为北京，终点为天津。

（8）苹果放在桌子上。

3. 按照录音指令完成任务（每个指令听两遍）

（1）把书放到桌子上

（2）向右看

（3）把书放到黑板下方

（4）竖直向上抛出你的笔

（5）画一条线段，并指出它的起点和终点

短文理解

1. 听短文，根据短文内容判断对错，对的画√，错的画×（每段短文听两遍）

短文1

我们坐在汽车上，竖直向上抛出苹果，苹果会落回手中，因为苹果受到地球向下的重力。

短文2

过直线AA'外一点B，有且只有一条直线与AA'平行。

2. 听短文，根据你听到的内容填空（短文听两遍）

在视线和水平线所成的角中，视线在水平线上方的是仰角，视线在水平线下方的是俯角。

听力文本（手写体）
Listening Scripts (Handwritten)

第一部分　听力训练

词语练习

1. 用拼音写出你听到的词语（每个词语听两遍）

（1）水平　（2）竖直　（3）平行　（4）垂直　（5）重力

（6）支持　（7）相交　（8）起点　（9）仰角　（10）俯角

2. 在你听到的词语前面画√（每个词语听两遍）

（1）视线　（2）落　（3）抛　（4）仅　（5）中点

（6）直线　（7）角　（8）方向　（9）且　（10）垂直

3. 听后跟读（每个词组听两遍）

（1）竖直向上

（2）落回手中

（3）在水平线上方

（4）与水平面平行

（5）抛出苹果

（6）向下的重力

（7）过直线外一点

（8）线段AA' 的中点

句子练习

1. 根据录音内容判断对错，对的画√，错的画×（每个句子听两遍）

（1）现代汽车速度很快。

（2）视线是眼睛看物体时，眼睛和物体之间的假想直线。

（3）与水平面平行的线叫做水平线。

（4）坐在汽车上，向上抛出苹果，苹果会落回手中。

（5）放在桌子上的书，受到向下的重力和桌子表面对它向上的支持力。

（6）过直线外一点有且仅有一条直线与已知直线平行。

（7）点O是线段AA' 上的一点。

（8）书包在桌子下方。

2. 根据录音内容选择正确答案（每个词组或句子听两遍）

（1）线段AB

（2）中点为O的线段AB

（3）直线AA'平行于直线BB'

（4）直线AA'垂直于直线BB'，在点O相交。

（5）视线与树的角度为仰角$45°$。

（6）竖直向下抛出苹果。

（7）起点为北京，终点为天津。

（8）苹果放在桌子上。

3. 按照录音指令完成任务（每个指令听两遍）

（1）把书放到桌子上

（2）向右看

（3）把书放到黑板下方

（4）竖直向上抛出你的笔

（5）画一条线段，并指出它的起点和终点

短文理解

1. 听短文，根据短文内容判断对错，对的画√，错的画×（每段短文听两遍）

短文1

我们坐在汽车上，竖直向上抛出苹果，苹果会落回手中，因为苹果受到地球向下的重力。

短文2

过直线AA'外一点B，有且只有一条直线与AA'平行。

2. 听短文，根据你听到的内容填空（短文听两遍）

在视线和水平线所成的角中，视线在水平线上方的是仰角，视线在水平线下方的是俯角。

参考答案
Reference Answers

第一部分 听力训练

词语练习

1. (1) shuǐpíng (2) shùzhí (3) píngxíng (4) chuízhí (5) zhònglì
(6) zhīchí (7) xiāngjiāo (8) qǐdiǎn (9) yǎngjiǎo (10) fǔjiǎo

2. (1) A (2) A (3) B (4) B (5) A
(6) B (7) A (8) A (9) B (10) A

句子练习

1. (1) √ (2) √ (3) √ (4) ×
(5) √ (6) × (7) × (8) ×

2. (1) ① (2) ② (3) ① (4) ③
(5) ② (6) ① (7) ② (8) ②

短文理解

1. 短文1：(1) × (2) √
短文2：(1) √ (2) √

2. 在视线和水平线所成的角中，视线在水平线<u>上方</u>的是仰角，视线在水平线<u>下方</u>的是俯角。

第二部分 口语练习

(2) ①点在线外；②点在线上；③点O是线段AB的中点；④点A是线段的起点；⑤点B是线段的终点；⑥两条直线相交；⑦两条直线平行；⑧两条直线垂直。

趣味题：

会出现，在风向和船前进的方向相反、风速也是每小时10公里的条件下会出现这样的现象。

第七课 Lesson 7

异同与比例 Similarity, Difference and Proportion

听力文本（印刷体） Listening Scripts (Printed)

第一部分　听力训练

词语练习

1. 用拼音写出你听到的词语（每个词语听两遍）7-2

（1）正比　（2）质量　（3）反比　（4）导体　（5）电流

（6）电压　（7）电阻　（8）材料　（9）相同　（10）加速度

2. 在你听到的词语前面画√（每个词语听两遍）7-3

（1）有关　（2）大小　（3）摩擦　（4）任何　（5）阻力

（6）行驶　（7）外力　（8）质量　（9）相反　（10）无关

3. 听后跟读（每个词组听两遍）7-4

（1）摩擦力的方向

（2）电阻大小

（3）导体的质量

（4）液体的压强

（5）空气阻力

（6）正比关系

（7）地面上的物体

（8）受到的重力

（9）地面的支持力

（10）速度一定

句子练习

1. 听后跟读（每个句子听两遍）7-5

（1）他不喜欢看电影，我跟他相反，我很喜欢看电影。

（2）她觉得这件衣服很好看，我的看法跟她相同，我也觉得这件衣服很好看。

（3）地面上的物体受到的重力与地面的支持力大小相同、方向相反。

（4）他身体很好，跟他喜欢运动有关。

（5）这是我自己的事，跟他无关。

（6）电阻大小跟导体材料有关，跟导体的质量无关。

（7）苹果价格一定，所买苹果的数量和所花的钱成正比。

（8）一万块钱分给大家，参加的人数和每个人得到的钱数成反比。

（9）物体运动的加速度与它所受的力成正比，与它的质量成反比。

2. 根据录音内容选择填空（每个句子听两遍） 7-6

（1）摩擦力的方向与物体运动的方向相反。

（2）桌面上的物体受到的重力与桌面的支持力大小相同、方向相反。

（3）汽车行驶中，空气阻力与汽车的速度有关。

（4）电阻大小跟导体的质量无关，跟导体材料有关。

（5）汽车每小时行驶的速度一定，它行驶的路程与时间成正比。

（6）物体运动的加速度与它所受的力是正比关系，与它的质量是反比关系。

3. 根据录音内容选择正确答案（每个句子听两遍） 7-7

（1）摩擦力的方向和物体运动方向__________。

（2）桌子上的物体受到的重力与桌面对它的支持力大小______，方向________。

（3）汽车行驶过程中，汽车受到的空气阻力与汽车的速度__________。

（4）液体的压强与液体的密度__________。

（5）物体加速度的大小与合外力大小成__________，与质量成__________。

（6）汽车速度一定，它所走的路程与时间成__________。

短文理解

听短文，根据短文内容判断对错，对的画√，错的画×（每段短文听两遍）

短文1 7-8

电阻大小跟导体材料有关，跟导体的质量无关。

短文2 7-9

桌面上的物体受到的重力与桌面的支持力大小相同、方向相反。一个苹果放在桌子上，它受到地球向下的重力，重力大小是3牛顿。

短文3 7-10

汽车的速度一定，它行驶的时间越长，行驶的路程就越远，也就是说，在速度一定的情况下，汽车行驶的时间与行驶的路程成正比。汽车要走的路程一定，它的速度越快，用的时间就越少，也就是说，在路程一定的情况下，汽车的速度与所用的时间成反比。

听力文本（手写体）

Listening Scripts (Handwritten)

第一部分　听力训练

词语练习

1. 用拼音写出你听到的词语（每个词语听两遍）

（1）正比　（2）质量　（3）反比　（4）导体　（5）电流

（6）电压　（7）电阻　（8）材料　（9）相同　（10）加速度

2. 在你听到的词语前面画√（每个词语听两遍）

（1）有关　（2）大小　（3）摩擦　（4）任何　（5）阻力

（6）行驶　（7）外力　（8）质量　（9）相反　（10）无关

3. 听后跟读（每个词组听两遍）

（1）摩擦力的方向

（2）电阻大小

（3）导体的质量

（4）液体的压强

（5）空气阻力

（6）正比关系

（7）地面上的物体

（8）受到的重力

（9）地面的支持力

（10）速度一定

句子练习

1. 听后跟读（每个句子听两遍）

（1）他不喜欢看电影，我跟他相反，我很喜欢看电影。

（2）她觉得这件衣服很好看，我的看法跟她相同，我也觉得这件衣服很好看。

（3）地面上的物体受到的重力与地面的支持力大小相同、方向相反。

（4）他身体很好，跟他喜欢运动有关。

（5）这是我自己的事，跟他无关。

（6）电阻大小跟导体材料有关，跟导体的质量无关。

（7）苹果价格一定，所买苹果的数量和所花的钱成正比。

（8）一万块钱分给大家，参加的人数和每个人得到的钱数成反比。

（9）物体运动的加速度与它所受的力成正比，与它的质量成反比。

2. 根据录音内容选择填空（每个句子听两遍）

（1）摩擦力的方向与物体运动的方向相反。

（2）桌面上的物体受到的重力与桌面的支持力大小相同、方向相反。

（3）汽车行驶中，空气阻力与汽车的速度有关。

（4）电阻大小跟导体的质量无关，跟导体材料有关。

（5）汽车每小时行驶的速度一定，它行驶的路程与时间成正比。

（6）物体运动的加速度与它所受的力是正比关系，与它的质量是反比关系。

3. 根据录音内容选择正确答案（每个句子听两遍）

（1）摩擦力的方向和物体运动方向__________。

（2）桌子上的物体受到的重力与桌面对它的支持力大小______，方向________。

（3）汽车行驶过程中，汽车受到的空气阻力与汽车的速度__________。

（4）液体的压强与液体的密度__________。

（5）物体加速度的大小与合外力大小成__________，与质量成__________。

（6）汽车速度一定，它所走的路程与时间成__________。

短文理解

听短文，根据短文内容判断对错，对的画√，错的画×（每段短文听两遍）

短文1

电阻大小跟导体材料有关，跟导体的质量无关。

短文2

桌面上的物体受到的重力与桌面的支持力大小相同、方向相反。一个苹果放在桌子上，它受到地球向下的重力，重力大小是3牛顿。

短文3

汽车的速度一定，它行驶的时间越长，行驶的路程就越远，也就是说，在速度一定的情况下，汽车行驶的时间与行驶的路程成正比。汽车要走的路程一定，它的速度越快，用的时间就越少，也就是说，在路程一定的情况下，汽车的速度与所用的时间成反比。

参考答案
Reference Answers

第一部分 听力训练

词语练习

1. （1）zhèngbǐ （2）zhìliàng （3）fǎnbǐ （4）dǎotǐ （5）diànliú
（6）diànyā （7）diànzǔ （8）cáiliào （9）xiāngtóng （10）jiāsùdù

2. （1）A （2）B （3）A （4）B （5）B
（6）A （7）A （8）A （9）B （10）B

句子练习

2. （1）A D （2）B C （3）A D （4）C A （5）B C （6）A D

3. （1）B （2）A B （3）A （4）A （5）A B （6）A

短文理解

短文1：（1）× （2）√
短文2：（1）√ （2）×
短文3：（1）× （2）×

第二部分 口语练习

2.（1）我和她去的方向相反。
（2）物体放在地上，它受到的重力和地面对它的支持力大小相同。
（3）液体的压强和密度有关。
（4）物体的大小和它的密度无关。
（5）工作时间的长短和得到的工资成正比。
（6）从天津大学到南开大学，他用的时间和他跑的速度成反比。

趣味题：

小王今天丢了19元钱，因为捡的钱和丢的钱没关系。

第八课 Lesson 8

运算与操作（数学） Calculation and Operation (Mathematics)

听力文本（印刷体） Listening Scripts (Printed)

第一部分　听力训练

词语练习

1. 在你听到的词语前面画√（每个词语听两遍）

（1）平移　（2）圆形　（3）图形　（4）截取　（5）推导

（6）过程　（7）证明　（8）问题　（9）步骤　（10）途径

2. 在你听到的词语前面画√，可以选一个或两个（每个词组听两遍）

（1）数学问题　（6）以O为圆心

（2）几何命题　（7）沿底边翻折90度

（3）推出结论　（8）根据已知求证

（4）截取线段　（9）写出证明过程

（5）解题步骤　（10）任意画一个图形

句子练习

1. 听录音，判断下列句子是否和你听到的句子完全一样，一样画√，不一样画×（每个句子听两遍）

（1）用2除7，得到余数1。

（2）用6除以7，得到余数1。

（3）用4除35，得到余数3。

（4）以点O为圆心，任意长为半径画弧。

（5）根据题意，画出图形。

（6）用数学符号表示已知和求证。

（7）在射线OA上，截取线段OC。

（8）找出由已知推出求证的途径。

（9）利用全等三角形的性质，可以证明线段相等或角相等。

2. 听录音，选择符合录音内容的图形（每个句子听两遍）8-5

（1）把△*ABC*沿直线*BC*平移，得到△*DEF*。

（2）把△*ABC*沿直线*BC*翻折180°，得到△*DBC*。

（3）把△*ABC*旋转180°，得到△*AED*。

（4）∠*AOB*是一个任意角，在边*OA*、*OB*上分别取*OM*=*ON*。

（5）画一条射线*OA*，以点*O*为圆心、*OC*长为半径画弧，交*OA*于点*C*。

（6）画直线*AB*，使它与∠*COD*的*OD*边平行。

3. 听录音，画图形（每个句子听三遍）8-6

（1）以点*B*为圆心，*BD*长为半径画弧，使弧与*AB*相交于*E*。

（2）先以*O*点为圆心，以*OA*为半径画圆，然后经过*A*点做圆的切线。

（3）经过*D*点画直线，使它与*AB*垂直。

（4）在圆弧上取任意两点*X*和*Y*，以*X*和*Y*为端点画一条线段。

（5）经过点*O*画两条直线，使它们分别与直线*a*、*b*平行。

短文理解

1. 听短文，根据短文内容判断对错，对的画√，错的画×（短文听两遍）8-7

一般情况下，我们要证明一个几何中的命题时，会按照以下步骤进行，即：首先明确命题中的已知和求证；再根据题意，画出图形，并用数学符号表示已知和求证；然后，经过分析，找出由已知推出求证的途径；最后写出证明过程。

2. 听短文，根据短文内容选择正确答案（每段短文听两遍）

短文1 8-8

利用全等三角形的性质，可以证明线段相等或角相等；利用三角形全等的判定方法，可以证明两个三角形是全等三角形。在实际应用中，我们常把它们结合起来使用，例如，先证明两个三角形全等，再推出它们的对应边或对应角相等。

（1）利用全等三角形的性质可以证明：

（2）根据短文，证明两个三角形全等需要利用：

（3）在实际应用中，可以先证明两个三角形全等，然后得出：

短文2 8-9

已知：$\angle AOB$。求作：$\angle AOB$的平分线。

步骤是：

首先，以O为圆心，适当长为半径画弧，交OA于M，交OB于N。

然后，分别以M、N为圆心，大于$\frac{1}{2}MN$的长为半径画弧，两弧在$\angle AOB$的内部交于点C。

最后，画射线OC。射线OC即为$\angle AOB$的平分线。

（1）这段话的主要内容是：

（2）这段话中，一共画了几个弧？

（3）C点的位置在：

听力文本（手写体）
Listening Scripts (Handwritten)

第一部分　听力训练

词语练习

1. 在你听到的词语前面画√（每个词语听两遍） 8-2

（1）平移　（2）圆形　（3）图形　（4）截取　（5）推导

（6）过程　（7）证明　（8）问题　（9）步骤　（10）途径

2. 在你听到的词语前面画√，可以选一个或两个（每个词组听两遍） 8-3

（1）数学问题　（6）以O为圆心

（2）几何命题　（7）沿底边翻折90度

（3）推出结论　（8）根据已知求证

（4）截取线段　（9）写出证明过程

（5）解题步骤　（10）任意画一个图形

句子练习

1. 听录音，判断下列句子是否和你听到的句子完全一样，一样画√，不一样画×（每个句子听两遍）

（1）用2除7，得到余数1。

（2）用6除以7，得到余数1。

（3）用4除35，得到余数3。

（4）以点O为圆心，任意长为半径画弧。

（5）根据题意，画出图形。

（6）用数学符号表示已知和求证。

（7）在射线OA上，截取线段OC。

（8）找出由已知推出求证的途径。

（9）利用全等三角形的性质，可以证明线段相等或角相等。

2. 听录音，选择符合录音内容的图形（每个句子听两遍）

（1）把△ABC沿直线BC平移，得到△DEF。

（2）把△ABC沿直线BC翻折180°，得到△DBC。

（3）把△ABC旋转180°，得到△AED。

（4）∠AOB是一个任意角，在边OA、OB上分别取OM = ON。

（5）画一条射线OA，以点O为圆心、OC长为半径画弧，交OA于点C。

（6）画直线AB，使它与∠COD的OD边平行。

3. 听录音，画图形（每个句子听三遍）

（1）以点B为圆心，BD长为半径画弧，使弧与AB相交于E。

（2）先以O点为圆心，以OA为半径画圆，然后经过A点做圆的切线。

（3）经过D点画直线，使它与AB垂直。

（4）在圆弧上取任意两点X和Y，以X和Y为端点画一条线段。

（5）经过点O画两条直线，使它们分别与直线a、b平行。

短文理解

1. 听短文，根据短文内容判断对错，对的画√，错的画×（短文听两遍）

一般情况下，我们要证明一个几何中的命题时，会按照以下步骤进行，即：首先明确命题中的已知和求证；再根据题意，画出图形，并用数学符号表示已知和求证；然后，经过分析，找出由已知推出求证的途径；最后写出证明过程。

2. 听短文，根据短文内容选择正确答案（每段短文听两遍）

短文1 8-8

利用全等三角形的性质，可以证明线段相等或角相等；利用三角形全等的判定方法，可以证明两个三角形是全等三角形。在实际应用中，我们常把它们结合起来使用，例如，先证明两个三角形全等，再推出它们的对应边或对应角相等。

（1）利用全等三角形的性质可以证明：

（2）根据短文，证明两个三角形全等需要利用：

（3）在实际应用中，可以先证明两个三角形全等，然后得出：

短文2 8-9

已知：$\angle AOB$。求作：$\angle AOB$的平分线。

步骤是：

首先，以O为圆心，适当长为半径画弧，交OA于M，交OB于N。

然后，分别以M、N为圆心，大于$\frac{1}{2}MN$的长为半径画弧，两弧在$\angle AOB$的内部交于点C。

最后，画射线OC。射线OC即为$\angle AOB$的平分线。

（1）这段话的主要内容是：

（2）这段话中，一共画了几个弧？

（3）C点的位置在：

参考答案

Reference Answers

第一部分　听力训练

词语练习

1. （1）A　（2）B　（3）A　（4）A　（5）B
（6）A　（7）B　（8）B　（9）B　（10）A

2. （1）B　（2）AB　（3）A　（4）A　（5）A
（6）B　（7）AB　（8）A　（9）B　（10）B

句子练习

1. （1）×　　（2）×　　（3）√　　（4）×　　（5）×
   （6）√　　（7）×　　（8）√　　（9）×

2. （1）①　　（2）②　　（3）②　　（4）③
   （5）②　　（6）③

短文理解

1. （1）√　　（2）×　　（3）√　　（4）×

2. 短文1：（1）C　　（2）B　　（3）A
   短文2：（1）B　　（2）B　　（3）A

第二部分　口语练习

1. 首先，以O为圆心，适当长为半径画弧，交OA于M，交OB于N。
   然后，分别以M、N为圆心，大于$\frac{1}{2}MN$的长为半径画弧，两弧在$\angle AOB$的内部交于点C。
   最后，画射线OC。射线OC即为$\angle AOB$的平分线。

2. 只能被1和自身整除的大于1的整数叫质数。
   “判断35是否为质数”的步骤是：
   第一步，用2除35，得到余数1。因为余数不为0，所以2不能整除35。
   第二步，用3除35，得到余数2。因为余数不为0，所以3不能整除35。
   第三步，用4除35，得到余数3。因为余数不为0，所以4不能整除35。
   第四步，用5除35，得到余数0。因为余数为0，所以5能整除35。
   因此，35不是质数。

趣味题：

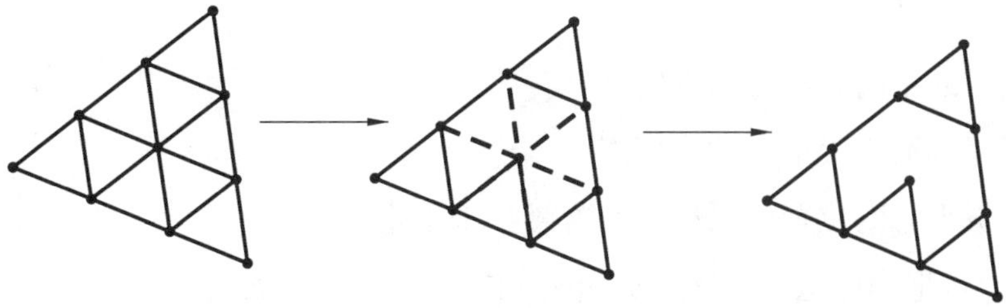

第九课 Lesson 9

运算与操作（物理） Calculation and Operation (Physics)

听力文本（印刷体） Listening Scripts (Printed)

第一部分　听力训练

词语练习

1. 在你听到的词语前面画√（每个词语听两遍） 9-2

（1）确定　（2）合成　（3）测量　（4）经过　（5）减

（6）标　（7）重心　（8）指向　（9）踢　（10）起点

2. 用拼音写出你听到的词语（每个词语听两遍） 9-3

（1）作用　（2）薄板　（3）悬挂　（4）箭头　（5）起点

（6）合力　（7）定则　（8）终点　（9）金属　（10）密度

3. 在你听到的词语前面画√（每个词组听两遍） 9-4

（1）确定重心

（2）测量面积

（3）射线的起点

（4）有向线段

（5）用头顶球

（6）通过起点

（7）箭头表示力的方向

（8）把薄板悬挂起来

（9）通过悬挂确定薄板的重心

（10）求这三个作用力的合力

句子练习

1. 根据录音内容判断对错，对的画√，错的画×（每个句子听两遍） 9-5

（1）从20名学生中选出4人参加比赛。

（2）可以用带箭头的线段表示力。

（3）线段的指向表示力的方向。

（4）箭尾或箭头表示力的作用点。

（5）薄板重心的位置可以通过两次悬挂来确定。

（6）在*A*点把物体悬挂起来，通过*A*点画一条竖直线*AB*。

（7）直线AB和直线DE的交点C，就是薄板的重心。

（8）如果两个以上的力作用在一个物体上，也可以应用平行四边形定则求出它们的合力。

（9）把所有的力都合成进去，最后得到的结果就是这些力的合力。

（10）要知道金属球是否用铅制造的，应先求出它的密度。

2. 根据录音内容选择正确答案（每个句子听两遍）9-6

（1）线段是按一定比例画出来的，它的长短表示力的大小。

问：线段的长短表示什么？

（2）先求出任意两个力的合力，再求出这个合力跟第三个力的合力。

问：不考虑合力，这句话中一共提到几个力？

（3）一个金属球经测量知道它的体积是0.57立方分米。

问：怎么知道铅球的体积的？

（4）用金属球的密度与金属铅的密度进行比较，就可以知道金属球是否是用铅制造的。

问：怎么知道金属球是否是用铅制造的？

（5）要把一个力完全表达出来，除了力的大小外，还要指明力的方向。

问：要完全表达一个力，需要指明什么？

（6）运动员踢球，球由静止变为运动；运动员用头顶球，球的方向改变了。

问：什么时候球的方向改变了？

（7）先查出物体的密度，再用密度乘以物体的体积，就能得到物体的质量。

问：求物体的质量，需要先做什么？

短文理解

1. 听短文，根据短文内容判断对错，对的画√，错的画×（短文听两遍）9-7

带有方向的线段叫做有向线段。表示有向线段的方法是，在有向线段的终点处画上箭头表示它的方向。以A为起点、B为终点的有向线段记作AB，起点写在终点的前面。

2. 听短文，根据短文内容选择正确答案（每段短文听两遍）

短文1　9-8

运动员踢球，球由静止变为运动；运动员接住球，球由运动变为静止；运动员用头顶球，球的方向改变了。这几种情况下，我们都说，球的运动状态改变了。

（1）球的运动状态改变有几种情况？

（2）运动员踢球，球怎么了？

（3）在什么情况下，球由运动变为静止？

短文2

要把一个力完全表达出来，除了力的大小外，还要指明力的方向。

可以用带箭头的线段表示力。线段是按一定比例画出的，它的长短表示力的大小，它的指向表示力的方向，箭尾或箭头表示力的作用点，线段所在的直线叫做力的作用线。

（1）可以用什么表示力？

（2）用什么表示力的作用点？

（3）这段话主要讲的是什么？

短文3

薄板重心的位置可以通过两次悬挂来确定。

先在薄板上选取一个A点，在A点把物体悬挂起来，通过A点画一条竖直线AB，然后再选另一处D点把物体悬挂起来，同样通过D点画一条竖直线DE，AB和DE的交点C，就是薄板的重心。

（1）怎样确定薄板的重心？

（2）这段话中一共提到几个点？

（3）这段话主要讲的是什么？

听力文本（手写体）

Listening Scripts (Handwritten)

第一部分 听力训练

词语练习

1. 在你听到的词语前面画√（每个词语听两遍）

(1) 确定	(2) 合成	(3) 测量	(4) 经过	(5) 减
(6) 标	(7) 重心	(8) 指向	(9) 踢	(10) 起点

2. 用拼音写出你听到的词语（每个词语听两遍）

（1）作用　（2）薄板　（3）悬挂　（4）箭头　（5）起点

（6）合力　（7）定则　（8）终点　（9）金属　（10）密度

3. 在你听到的词语前面画√（每个词组听两遍）

（1）确定重心　（6）通过起点

（2）测量面积　（7）箭头表示力的方向

（3）射线的起点　（8）把薄板悬挂起来

（4）有向线段　（9）通过悬挂确定薄板的重心

（5）用头顶球　（10）求这三个作用力的合力

句子练习

1. 根据录音内容判断对错，对的画√，错的画×（每个句子听两遍）

（1）从20名学生中选出4人参加比赛。

（2）可以用带箭头的线段表示力。

（3）线段的指向表示力的方向。

（4）箭尾或箭头表示力的作用点。

（5）薄板重心的位置可以通过两次悬挂来确定。

（6）在A点把物体悬挂起来，通过A点画一条竖直线AB。

（7）直线AB和直线DE的交点C，就是薄板的重心。

（8）如果两个以上的力作用在一个物体上，也可以应用平行四边形定则求出它们的合力。

（9）把所有的力都合成进去，最后得到的结果就是这些力的合力。

（10）要知道金属球是否用铅制造的，应先求出它的密度。

2. 根据录音内容选择正确答案（每个句子听两遍）

（1）线段是按一定比例画出来的，它的长短表示力的大小。

问：线段的长短表示什么？

（2）先求出任意两个力的合力，再求出这个合力跟第三个力的合力。

问：不考虑合力，这句话中一共提到几个力？

（3）一个金属球经测量知道它的体积是0.57立方分米。

问：怎么知道铅球的体积的？

（4）用金属球的密度与金属铅的密度进行比较，就可以知道金属球是否是用铅制造的。

问：怎么知道金属球是否是用铅制造的？

（5）要把一个力完全表达出来，除了力的大小外，还要指明力的方向。

问：要完全表达一个力，需要指明什么？

（6）运动员踢球，球由静止变为运动；运动员用头顶球，球的方向改变了。

问：什么时候球的方向改变了？

（7）先查出物体的密度，再用密度乘以物体的体积，就能得到物体的质量。

问：求物体的质量，需要先做什么？

短文理解

1. 听短文，根据短文内容判断对错，对的画√，错的画×（短文听两遍）

带有方向的线段叫做有向线段。表示有向线段的方法是，在有向线段的终点处画上箭头表示它的方向。以A为起点、B为终点的有向线段记作AB，起点写在终点的前面。

2. 听短文，根据短文内容选择正确答案（每段短文听两遍）

短文1

运动员踢球，球由静止变为运动；运动员接住球，球由运动变为静止；运动员用头顶球，球的方向改变了。这几种情况下，我们都说，球的运动状态改变了。

（1）球的运动状态改变有几种情况？

（2）运动员踢球，球怎么了？

（3）在什么情况下，球由运动变为静止？

短文2

要把一个力完全表达出来，除了力的大小外，还要指明力的方向。

可以用带箭头的线段表示力。线段是按一定比例画出的，它的长短表示力的大小，它的指向表示力的方向，箭尾或箭头表示力的作用点，线段所在的直线叫做力的作用线。

（1）可以用什么表示力？

（2）用什么表示力的作用点？

（3）这段话主要讲的是什么？

短文3

薄板重心的位置可以通过两次悬挂来确定。

先在薄板上选取一个A点，在A点把物体悬挂起来，通过A点画一条竖直线AB，然后再选另一处D点把物体悬挂起来，同样通过D点画一条竖直线DE，AB和DE的交点C，就是薄板的重心。

（1）怎样确定薄板的重心？

（2）这段话中一共提到几个点？

（3）这段话主要讲的是什么？

参考答案
Reference Answers

第一部分　听力训练

词语练习

1. （1）A　（2）B　（3）B　（4）B　（5）B
   （6）A　（7）A　（8）A　（9）B　（10）B

2. （1）zuòyòng　（2）báobǎn　（3）xuánguà　（4）jiàntóu　（5）qǐdiǎn
   （6）hélì　（7）dìngzé　（8）zhōngdiǎn　（9）jīnshǔ　（10）mìdù

3. （1）B　（2）A　（3）B　（4）A　（5）B
   （6）B　（7）A　（8）B　（9）B　（10）A

句子练习

1. （1）√　（2）√　（3）×　（4）×　（5）√
   （6）×　（7）√　（8）√　（9）×　（10）×

2. （1）A　（2）B　（3）B　（4）C　（5）A
   （6）C　（7）B

短文理解

1.（1）×　　（2）√　　（3）√

2. 短文1：（1）B　　（2）C　　（3）B

短文2：（1）C　　（2）B　　（3）A

短文3：（1）C　　（2）A　　（3）B

趣味题：

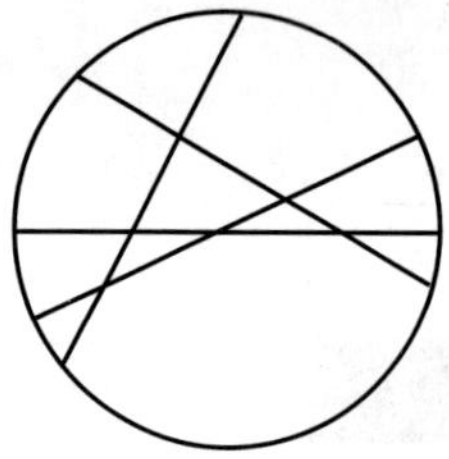

第十课 运算与操作（化学）

Lesson 10 Calculation and Operation (Chemistry)

听力文本（印刷体）

Listening Scripts (Printed)

第一部分 听力训练

词语练习

1. 在你听到的词语前面画√（每个词语听两遍）

（1）镁　（2）稀　（3）具有　（4）加热　（5）氧化

（6）溶解　（7）失去　（8）试管　（9）剧烈　（10）还原

2. 在你听到的词语前面画√（每个词组听两遍）

（1）稀盐酸

（2）二氧化铁

（3）观察变化

（4）氧化反应

（5）得到了什么

（6）发音很准确

（7）放在试管里

（8）加入稀硫酸

（9）反应很剧烈

（10）它没有与硫酸发生反应

3. 听录音，根据你听到的内容填空（每个句子听两遍）

（1）铁发生氧化会生锈。

（2）铁跟水没有发生反应。

（3）气体的颜色发生了变化。

（4）氧化铁可以还原成铁。

（5）在试管里加入少量稀硫酸。

句子练习

1. 根据录音内容判断对错，对的画√，错的画 ×（每个句子听两遍）

（1）木条燃着了。

（2）我们没在试管里加入水。

（3）盐酸溶解在水里了。

（4）铁发生氧化就会生锈。

（5）铜发生氧化也会生锈，铜生锈会变成绿色。

（6）给铁和铜加热，它们会变红。

（7）锌和硫酸在试管里发生了剧烈的反应。

（8）铁和稀硫酸的反应不剧烈。

（9）盐酸和镁会不会发生反应，弟弟不知道。

（10）硫酸铜发生还原反应，它会失去一些东西。

2. 根据录音内容选择正确答案（每个句子听两遍） 10-6

（1）给氧化铁加热，可以还原成铁。

问：让氧化铁还原成铁的条件是什么？

（2）把铜和锌放在一起加热。

问：句子中提到了什么东西？

（3）在试管里加入一些硫酸，它会与镁发生反应。

问：什么和什么会发生反应？

（4）把糖放在水中，它会溶解。

问：把糖放在水里会发生什么？

（5）氧化铁发生还原反应时，能生成二氧化碳。

问：在什么时候能生成二氧化碳？

（6）如果没有稀盐酸，可以用稀硫酸代替。

问：可以用稀硫酸做什么？

短文理解

听短文，根据短文内容选择正确答案（每段短文听两遍）

短文1 10-7

第一个实验，在试管里放入两小块镁，加入一些稀盐酸，用燃着的小木条放在试管口，观察现象，判断反应后生成了什么气体。

（1）第一个实验在试管里放入了什么？

（2）第一个实验在试管口放什么？

（3）第一个实验在发生反应后可能会生成什么？

（4）第一个实验分几个步骤？

短文2

按照第一个实验的步骤，分别在放有两小块锌、铁和铜的试管中加入稀盐酸，观察现象，比较反应的剧烈程度。如果有气体生成，判断生成的是什么气体。

最后，用稀硫酸代替稀盐酸进行实验，并比较发生的现象。

（1）这次实验需要用多少个试管？

（2）这次实验要我们观察比较什么？

（3）最后要做的实验不需要用什么？

听力文本（手写体）

Listening Scripts (Handwritten)

第一部分　听力训练

词语练习

1. 在你听到的词语前面画√（每个词语听两遍）

(1) 镁　(2) 稀　(3) 具有　(4) 加热　(5) 氧化

(6) 溶解　(7) 失去　(8) 试管　(9) 剧烈　(10) 还原

2. 在你听到的词语前面画√（每个词组听两遍）

(1) 稀盐酸

(2) 二氧化铁

(3) 观察变化

(4) 氧化反应

(5) 得到了什么

(6) 发音很准确

(7) 放在试管里

(8) 加入稀硫酸

(9) 反应很剧烈

(10) 它没有与硫酸发生反应

3. 听录音，根据你听到的内容填空（每个句子听两遍）

(1) 铁发生氧化会生锈。

(2) 铁跟水没有发生反应。

(3) 气体的颜色发生了变化。

(4) 氧化铁可以还原成铁。

(5) 在试管里加入少量稀硫酸。

句子练习

1. 根据录音内容判断对错，对的画√，错的画×（每个句子听两遍）10-5

(1) 木条燃着了。

(2) 我们没在试管里加入水。

(3) 盐酸溶解在水里了。

(4) 铁发生氧化就会生锈。

(5) 铜发生氧化也会生锈，铜生锈会变成绿色。

(6) 给铁和铜加热，它们会变红。

(7) 锌和硫酸在试管里发生了剧烈的反应。

(8) 铁和稀硫酸的反应不剧烈。

(9) 盐酸和镁会不会发生反应，弟弟不知道。

(10) 硫酸铜发生还原反应，它会失去一些东西。

2. 根据录音内容选择正确答案（每个句子听两遍）10-6

(1) 给氧化铁加热，可以还原成铁。

问：让氧化铁还原成铁的条件是什么？

(2) 把铜和锌放在一起加热。

问：句子中提到了什么东西？

(3) 在试管里加入一些硫酸，它会与镁发生反应。

问：什么和什么会发生反应？

(4) 把糖放在水中，它会溶解。

问：把糖放在水里会发生什么？

(5) 氧化铁发生还原反应时，能生成二氧化碳。

问：在什么时候能生成二氧化碳？

(6) 如果没有稀盐酸，可以用稀硫酸代替。

问：可以用稀硫酸做什么？

短文理解

听短文，根据短文内容选择正确答案（每段短文听两遍）

短文1 10-7

第一个实验，在试管里放入两小块镁，加入一些稀盐酸，用燃着的小木条放在试管口，观察现象，判断反应后生成了什么气体。

(1) 第一个实验在试管里放入了什么？

(2) 第一个实验在试管口放什么？

(3) 第一个实验在发生反应后可能会生成什么？

(4) 第一个实验分几个步骤？

短文2 10-8

按照第一个实验的步骤，分别在放有两小块锌、铁和铜的试管中加入稀盐酸，观察现象，比较反应的剧烈程度。如果有气体生成，判断生成的是什么气体。

最后，用稀硫酸代替稀盐酸进行实验，并比较发生的现象。

(1) 这次实验需要用多少个试管？

(2) 这次实验要我们观察比较什么？

(3) 最后要做的实验不需要用什么？

参考答案
Reference Answers

第一部分　听力训练

词语练习

1. （1）C　（2）A　（3）B　（4）C　（5）B
（6）B　（7）A　（8）A　（9）C　（10）B

2. （1）A　（2）A　（3）A　（4）B　（5）B
（6）B　（7）B　（8）B　（9）B　（10）A

3. （1）氧化　（2）反应　（3）变化　（4）还原　（5）加入

句子练习

1. （1）×　（2）√　（3）×　（4）√　（5）×
（6）×　（7）√　（8）×　（9）√　（10）×

2.（1）A （2）B （3）C （4）A （5） C （6）A

短文理解

短文1：（1）B （2）C （3）A （4）B

短文2：（1）B （2）B （3）C

第二部分 口语练习

1.（1）用鸡蛋代替肉
用可乐代替啤酒
用水代替酒
（2）在试管里加入稀硫酸
在试管里加入少量盐酸
在杯子里加入一些糖
（3）锌和硫酸可以发生反应
镁和盐酸可以发生剧烈反应
铁和水不会发生反应，铜和水也不发生反应
（4）给氧化铁加热会发生还原反应
给氧化铜加热可以得到铜
（5）镁和硫酸可以发生剧烈反应
（6）糖可以在水中溶解
铁不会在酒中溶解

趣味题：

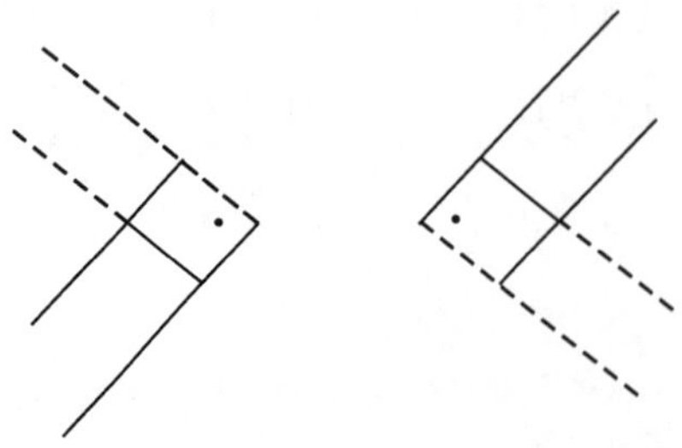

第十一课 Lesson 11

指令与要求 Instructions and Directions

听力文本（印刷体）
Listening Scripts (Printed)

第一部分　听力训练

词语练习

1. 听录音，说出你听到的词语（每个词语听两遍）11-2

（1）分母　（2）实验　（3）步骤　（4）移项　（5）眼睛

（6）玻璃　（7）调节　（8）放大　（9）酒精　（10）均匀

2. 在你听到的词语前面画√（每个词语听两遍）11-3

（1）微小　（2）放大　（3）分子　（4）啤酒　（5）括号

（6）关系　（7）步骤　（8）玻璃　（9）放下　（10）均匀

3. 在你听到的词语前面画√（每个词组听两遍）11-4

（1）装满啤酒

（2）根据等式的性质

（3）未知数的系数

（4）慢慢调节

（5）倒回原来的杯子里

（6）玻璃板下面的微小物体

（7）求出方程的解

（8）把两杯液体均匀混合

（9）把一滴水滴在玻璃板上

（10）方程两边都除以未知数的系数

句子练习

1. 听录音，判断下列句子是否和你听到的句子完全一样，一样画√，不一样画×（每个句子听两遍）11-5

（1）把一滴水滴在玻璃板上。

（2）在两个大小相同的杯子里。

（3）我们开始做实验。

（4）再倒回原来的杯子里。

（5）慢慢调节放大镜和水滴之间的距离。

（6）这种混合液体装不满两只杯子了。

（7）另一个杯子装满酒精。

（8）把两杯液体均匀混合。

（9）然后求出方程的解。

（10）你可以清楚地看到玻璃板下面的微小物体。

2. 根据录音内容选择正确答案（每个句子听两遍） 11-6

（1）在玻璃板下面放置一个眼睛看不到的小物体。

问：小物体在哪儿？

（2）解一元一次方程时，先要根据等式的两个性质。

问：这句话没有提到什么？

（3）这时可以看到水滴变成了一个放大镜。

问：这时可以看到什么变成了放大镜？

（4）通过去分母、去括号、移项、合并同类项等步骤。

问：这句话一共说了几个步骤？

（5）在方程的两边都除以未知数的系数。

问：在方程的两边都除以未知数的什么？

（6）原来的杯子放不下酒精和汽油的混合体了。

问：这句话说了哪两种液体？

（7）再拿一个放大镜位于水滴的上方。

问：把放大镜放在哪儿？

（8）现在，我们再把一杯酒精和一杯汽油均匀混合。

问：我们把酒精和什么均匀混合？

短文理解

1. 听短文，根据短文内容选择正确答案（每段短文听两遍）

短文1 11-7

把一滴水滴在玻璃板上，在玻璃板下面放置一个用眼睛看不清楚的小物体。这时可以看到水滴就是一个放大镜。如果还看不清楚小物体，可以再拿一个放大镜放在水滴的上方，慢慢调节放大镜和水滴之间的距离，你就可以清楚地看到玻璃板下面的微小物体了。

（1）根据这段话，水滴的位置在哪儿？

（2）慢慢调节放大镜和水滴的距离，可以清楚地看到玻璃板下面的什么？

短文2

解一元一次方程，方法是根据等式的两个性质，通过去分母、去括号、移项、合并同类项等步骤，把方程变为$ax=b$ $(a\neq0)$的形式，再在方程两边都除以未知数的系数a，从而求出方程的解$x=\frac{b}{a}$。

（1）这段话告诉我们什么？

（2）这段话说的是什么？

2. 听短文，根据短文内容判断对错，对的画√，错的画×（短文听两遍）

在两个大小相同的杯子里，一个装满水，另一个装满酒精。我们开始做实验：把两杯液体均匀混合后，再倒回原来的两个杯子里，结果，这种混合液体不能装满两只杯子了。我们再把一杯酒精和一杯汽油均匀混合，倒回原来的两个杯子里，我们又会发现，原来的两个杯子放不下酒精和汽油的混合体了。

听力文本（手写体）

Listening Scripts (Handwritten)

第一部分　听力训练

词语练习

1. 听录音，说出你听到的词语（每个词语听两遍）

（1）分母　（2）实验　（3）步骤　（4）移项　（5）眼睛

（6）玻璃　（7）调节　（8）放大　（9）酒精　（10）均匀

2. 在你听到的词语前面画√（每个词语听两遍）

（1）微小　（2）放大　（3）分子　（4）啤酒　（5）括号

（6）关系　（7）步骤　（8）玻璃　（9）放下　（10）均匀

3. 在你听到的词语前面画√（每个词组听两遍）

（1）装满啤酒

（2）根据等式的性质

（3）未知数的系数

（4）慢慢调节

（5）倒回原来的杯子里

（6）玻璃板下面的微小物体

（7）求出方程的解

（8）把两杯液体均匀混合

（9）把一滴水滴在玻璃板上

（10）方程两边都除以未知数的系数

句子练习

1. 听录音，判断下列句子是否和你听到的句子完全一样，一样画√，不一样画×（每个句子听两遍）

（1）把一滴水滴在玻璃板上。

（2）在两个大小相同的杯子里。

（3）我们开始做实验。

（4）再倒回原来的杯子里。

（5）慢慢调节放大镜和水滴之间的距离。

（6）这种混合液体装不满两只杯子了。

（7）另一个杯子装满酒精。

（8）把两杯液体均匀混合。

（9）然后求出方程的解。

（10）你可以清楚地看到玻璃板下面的微小物体。

2. 根据录音内容选择正确答案（每个句子听两遍）

（1）在玻璃板下面放置一个眼睛看不到的小物体。

问：小物体在哪儿？

（2）解一元一次方程时，先要根据等式的两个性质。

问：这句话没有提到什么？

（3）这时可以看到水滴变成了一个放大镜。

问：这时可以看到什么变成了放大镜？

（4）通过去分母、去括号、移项、合并同类项等步骤。

问：这句话一共说了几个步骤？

（5）在方程的两边都除以未知数的系数。

问：在方程的两边都除以未知数的什么？

（6）原来的杯子放不下酒精和汽油的混合体了。

问：这句话说了哪两种液体？

（7）再拿一个放大镜位于水滴的上方。

问：把放大镜放在哪儿？

（8）现在，我们再把一杯酒精和一杯汽油均匀混合。

问：我们把酒精和什么均匀混合？

短文理解

1. 听短文，根据短文内容选择正确答案（每段短文听两遍）

短文1 11-7

把一滴水滴在玻璃板上，在玻璃板下面放置一个用眼睛看不清楚的小物体。这时可以看到水滴就是一个放大镜。如果还看不清楚小物体，可以再拿一个放大镜放在水滴的上方，慢慢调节放大镜和水滴之间的距离，你就可以清楚地看到玻璃板下面的微小物体了。

（1）根据这段话，水滴的位置在哪儿？

（2）慢慢调节放大镜和水滴的距离，可以清楚地看到玻璃板下面的什么？

短文2 11-8

解一元一次方程，方法是根据等式的两个性质，通过去分母、去括号、移项、合并同类项等步骤，把方程变为$ax = b\ (a \neq 0)$的形式，再在方程两边都除以未知数的系数a，从而求出方程的解$x = \dfrac{b}{a}$。

（1）这段话告诉我们什么？

（2）这段话说的是什么？

2. 听短文，根据短文内容判断对错，对的画√，错的画×（短文听两遍） 11-9

在两个大小相同的杯子里，一个装满水，另一个装满酒精。我们开始做实验：把两杯液体均匀混合后，再倒回原来的两个杯子里，结果，这种混合液体不能装满两只杯子了。我们再把一杯酒精和一杯汽油均匀混合，倒回原来的两个杯子里，我们又会发现，原来的两个杯子放不下酒精和汽油的混合体了。

参考答案
Reference Answers

第一部分 听力训练

词语练习

2. （1）A （2）A （3）A （4）B （5）B
（6）A （7）B （8）A （9）B （10）A

3. （1）B （2）A （3）B （4）A （5）A
（6）B （7）A （8）B （9）A （10）A

句子练习

1. （1）× （2）× （3）√ （4）× （5）×
（6）√ （7）× （8）× （9）√ （10）√

2. （1）C （2）A （3）B （4）C
（5）C （6）C （7）A （8）B

短文理解

1. 短文1：（1）A （2）C
短文2：（1）C （2）C

2. （1）√ （2）√ （3）× （4）√

趣味题：

1. （1）把算式中“＝”上面的“—”移到前面减号位置，使算式变成62＝63—1。
（2）把62变成2的6次方形式，于是算式变成64—63＝1。
2. 两数的和减去差的结果就是较小数的2倍。如：
926和31，和减差的结果就是31的2倍，即62；
548和25，和减差的结果就是25的2倍，即50；
702和9，和减差的结果就是9的2倍，即18。

第十二课 Lesson 12

分类与举例 Categorization and Exemplification

听力文本（印刷体） Listening Scripts (Printed)

第一部分 听力训练

词语练习

1. 听录音，说出你听到的词语（每个词语听两遍）

（1）摩擦力 （2）压力 （3）阻力 （4）随着 （5）轮船
（6）航行 （7）动力 （8）特殊 （9）效果 （10）热胀冷缩

2. 在你听到的词语前面画√（每个词语听两遍）

（1）特殊 （2）压力 （3）行驶 （4）动力 （5）行走
（6）笑话 （7）飞机 （8）机械 （9）阻力 （10）效果

3. 在你听到的词语前面画√（每个词组听两遍）

（1）分为两类
（2）根据力的性质
（3）机械运动
（4）物体的位置
（5）微小的物体
（6）体积都会增大
（7）物质都热胀冷缩
（8）高于或者低于这个温度

句子练习

1. 听录音，判断下列句子是否和你听到的句子完全一样，一样画√，不一样画×（每个句子听两遍）

（1）我们可以把力分为两类。
（2）第一类是根据力的性质来命名的。
（3）一般物质都会热胀冷缩。
（4）水的体积在4℃时最小。
（5）水具有冷胀热缩的性质。
（6）冰总是结在水面上。
（7）飞机在天空中飞行。
（8）例如水就是一个例子。
（9）随着时间的改变而改变。
（10）我们说这个物体在做机械运动。

2. 根据录音内容选择正确答案（每个句子听两遍） 12-6

（1）一类是根据力的性质命名的，如重力、弹力、摩擦力等。

问：哪种力没有提到？

（2）压力、支持力、动力、阻力等都是根据力的效果命名的。

问：这句话提到几种力？

（3）物体的位置随时间的改变而改变，这个物体在做机械运动。

问：这句话没有提到什么？

（4）汽车在路上行驶，轮船在海上航行，飞机在天空中飞行。

问：在海上航行的是什么？

（5）一般物质都会热胀冷缩，但也有例外。

问：一般物质都会怎么样？

（6）温度在0℃到4℃之间，水具有冷胀热缩的性质。

问：在什么温度下，水具有冷胀热缩的性质？

（7）水的体积在4℃时最小，高于或者低于这一温度，体积都要增大。

问：水的温度高于或低于4℃时，体积会怎么样？

（8）水的体积在4℃时最小，高于或者低于这一温度，体积都要增大。

问：水在零下4℃时，体积有什么变化？

短文理解

1. 听短文，根据短文内容选择正确答案（每段短文听两遍）

短文1 12-7

我们可以把力分为两类：一类是根据力的性质命名的，如重力、弹力、摩擦力等；另一类是根据力的效果命名的，如张力、压力、支持力、动力、阻力等。

（1）根据这段话，我们可以把力分为几类？

（2）根据力的性质命名的是哪个？

（3）根据力的效果命名的是哪个？

短文2 12-8

物体的位置如果随着时间的改变而改变，我们就说这个物体在做机械运动，简称运动。例如汽车在路上行驶，轮船在海上航行，飞机在天空中飞行，都是物体运动的例子。

（1）物体的位置随时间的改变而改变，这个物体在做什么运动？

（2）这段话说了几个物体运动的例子？

2. 听短文，根据短文内容判断对错，对的画√，错的画×（短文听两遍）12-9

一般物质都会热胀冷缩，但也有例外，例如水就是一个例子。温度在0℃到4℃之间，水具有冷胀热缩的性质。水的体积在4℃时最小，高于或者低于这一温度，体积都要增大。冰总是结在水面上，就跟水的这种特殊性质有关。

听力文本（手写体）
Listening Scripts (Handwritten)

第一部分　听力训练

词语练习

1. 听录音，说出你听到的词语（每个词语听两遍）12-2

（1）摩擦力　（2）压力　（3）阻力　（4）随着　（5）轮船

（6）航行　（7）动力　（8）特殊　（9）效果　（10）热胀冷缩

2. 在你听到的词语前面画√（每个词语听两遍）12-3

（1）特殊　（2）压力　（3）行驶　（4）动力　（5）行走

（6）笑话　（7）飞机　（8）机械　（9）阻力　（10）效果

3. 在你听到的词语前面画√（每个词组听两遍）12-4

（1）分为两类

（2）根据力的性质

（3）机械运动

（4）物体的位置

（5）微小的物体

（6）体积都会增大

（7）物质都热胀冷缩

（8）高于或者低于这个温度

句子练习

1. 听录音，判断下列句子是否和你听到的句子完全一样，一样画√，不一样画×（每个句子听两遍）12-5

（1）我们可以把力分为两类。

(2) 第一类是根据力的性质来命名的。

(3) 一般物质都会热胀冷缩。

(4) 水的体积在4℃时最小。

(5) 水具有冷胀热缩的性质。

(6) 冰总是结在水面上。

(7) 飞机在天空中飞行。

(8) 例如水就是一个例子。

(9) 随着时间的改变而改变。

(10) 我们说这个物体在做机械运动。

2. 根据录音内容选择正确答案(每个句子听两遍) 12-6

(1) 一类是根据力的性质命名的,如重力、弹力、摩擦力等。

问:哪种力没有提到?

(2) 压力、支持力、动力、阻力等都是根据力的效果命名的。

问:这句话提到几种力?

(3) 物体的位置随时间的改变而改变,这个物体在做机械运动。

问:这句话没有提到什么?

(4) 汽车在路上行驶,轮船在海上航行,飞机在天空中飞行。

问:在海上航行的是什么?

(5) 一般物质都会热胀冷缩,但也有例外。

问:一般物质都会怎么样?

(6) 温度在0℃到4℃之间,水具有冷胀热缩的性质。

问:在什么温度下,水具有冷胀热缩的性质?

(7) 水的体积在4℃时最小,高于或者低于这一温度,体积都要增大。

问:水的温度高于或低于4℃时,体积会怎么样?

(8) 水的体积在4℃时最小,高于或者低于这一温度,体积都要增大。

问:水在零下4℃时,体积有什么变化?

短文理解

1. 听短文,根据短文内容选择正确答案(每段短文听两遍)

短文1 12-7

我们可以把力分为两类:一类是根据力的性质命名的,如重力、弹力、摩擦力等；另一类是根据力的效果命名的，如张力、压力、支持力、动力、阻力等。

（1）根据这段话，我们可以把力分为几类？

（2）根据力的性质命名的是哪个？

（3）根据力的效果命名的是哪个？

短文2 12-8

物体的位置如果随着时间的改变而改变，我们就说这个物体在做机械运动，简称运动。例如汽车在路上行驶，轮船在海上航行，飞机在天空中飞行，都是物体运动的例子。

（1）物体的位置随时间的改变而改变，这个物体在做什么运动？

（2）这段话说了几个物体运动的例子？

2. 听短文，根据短文内容判断对错，对的画√，错的画×（短文听两遍） 12-9

一般物质都会热胀冷缩，但也有例外，例如水就是一个例子。温度在0℃到4℃之间，水具有冷胀热缩的性质。水的体积在4℃时最小，高于或者低于这一温度，体积都要增大。冰总是结在水面上，就跟水的这种特殊性质有关。

参考答案
Reference Answers

第一部分　听力训练

词语练习

2. （1）B　（2）A　（3）B　（4）B　（5）A
（6）B　（7）A　（8）B　（9）A　（10）A

3. （1）B　（2）A　（3）B　（4）B　（5）A
（6）A　（7）A　（8）B

句子练习

1. （1）√　（2）×　（3）√　（4）×　（5）×

（6）√　（7）√　（8）×　（9）×　（10）√

2.（1）C　（2）B　（3）A　（4）C
（5）B　（6）C　（7）C　（8）C

短文理解

1. 短文1：（1）A　（2）A　（3）C
短文2：（1）C　（2）B

2.（1）√　（2）×　（3）×　（4）√

趣味题：

可能正面向上，也可能背面向上。不管谁抛，也不管抛多少次，正面向上和背面向上各占二分之一的结果是不会变的。

第十三课 Lesson 13

变换解释（说明） Explaining in Different Words

听力文本（印刷体） Listening Scripts (Printed)

第一部分　听力训练

词语练习

1. 听录音，说出你听到的词语（每个词语听两遍）13-2

（1）惯性　（2）抽象　（3）一桶水　（4）扩大　（5）缩小

（6）建筑工地　（7）反比例　（8）衡量　（9）砖　（10）搬运

2. 在你听到的词语前面画√（每个词语听两遍）13-3

（1）习惯　（2）量度　（3）反比例　（4）代替　（5）一瓶水

（6）搬家　（7）扩大　（8）起重机　（9）缩小　（10）变化

3. 在你听到的词语前面画√（每个词组听两遍）13-4

（1）比较抽象

（2）运动状态

（3）扩大几倍

（4）缩小几倍

（5）正比例关系

（6）衡量惯性的大小

（7）如果用起重机搬运

（8）这个例子说明

（9）做功有快有慢

（10）把几百块砖送到楼顶

句子练习

1. 听录音，判断下列词组或句子是否和你听到的完全一样，一样画√，不一样画 ×（每个词组或句子听两遍）13-5

（1）运动状态容易改变。

（2）我们说它的惯性比较大。

（3）如果x扩大到原来的几倍

（4）我们把两个量间的这种关系叫做反比例关系。

（5）如果y缩小到原来的几分之几

（6）如果用人搬运需要几个小时？

（7）空气、水、铁都是物质。

（8）各种物体所含物质有多有少。

（9）这个例子说明

（10）怎样表示做功的快和慢呢？

2. 根据录音内容选择正确答案（每个句子听两遍） 13-6

（1）质量小的物体，运动状态容易改变。

问：质量小的物体运动状态怎样？

（2）物体运动状态不容易改变，我们说它的惯性大。

问：如果物体的惯性大，它的运动状态怎样？

（3）物体的质量是它惯性大小的量度。

问：这句话没有提到什么？

（4）物体的质量就是物体所含物质的多少。

问：这句话在说明：

（5）物体所含物质越多，它的质量就越大。

问：物体所含物质和质量之间的关系是：

（6）空气、水、铁都是常见的物质。

问：这句话说了几种物质？

（7）做相同的功，需要的时间不同，也可以说做功的快慢不同。

问：这句话是在说什么？

（8）各种物体所含的物质有多有少。

问：物体所含的物质：

短文理解

1. 听短文，根据短文内容选择正确答案（每段短文听两遍）

短文1 13-7

由于物体的惯性比较抽象，我们怎样来衡量它的大小呢？一方面，质量小的物体，运动状态容易改变，我们说它的惯性小；另一方面，质量大的物体，运动状态不容易改变，我们说它的惯性大。也就是说，物体的质量是物体惯性大小的量度。

（1）这段话是在说什么？

（2）衡量惯性的大小，主要看什么？

短文2

在算式$y=\frac{12}{x}$中，如果x扩大到原来的几倍，y就会缩小到原来的几分之一；反之，如果x缩小到原来的几分之一，y就扩大到原来的几倍。我们把两个量之间的这种关系叫做反比例关系。

（1）这段话是在说两个量之间的什么关系？

（2）如果一个量扩大，另外一个量也一样扩大，它们的关系是什么？

2. 听短文，根据短文内容判断对错，对的画√，错的画×（每段短文听两遍）

短文1

空气、水、铁等都是物质。各种物体所含的物质有多有少。例如，一桶水比一瓶水所含的物质多，大铁块比小铁块所含的物质多。也就是说物体的质量就是物体所含物质的多少，所含物质越多，物体的质量就越大；反之，所含物质越少，物体的质量就越小。

短文2

在一个建筑工地上，如果把几百块砖送到楼顶，用人搬运需要几个小时；如果用起重机搬运，几分钟就可以了。这个例子说明，做相同的功，所需的时间是不同的，也就是说做功有快有慢。怎样表示做功的快慢呢？

听力文本（手写体）
Listening Scripts (Handwritten)

第一部分　听力训练

词语练习

1. 听录音，说出你听到的词语（每个词语听两遍）

（1）惯性　（2）抽象　（3）一桶水　（4）扩大　（5）缩小

（6）建筑工地 （7）反比例 （8）衡量 （9）砖 （10）搬运

2. 在你听到的词语前面画√（每个词语听两遍）

（1）习惯 （2）量度 （3）反比例 （4）代替 （5）一瓶水

（6）搬家 （7）扩大 （8）起重机 （9）缩小 （10）变化

3. 在你听到的词语前面画√（每个词组听两遍）

（1）比较抽象

（2）运动状态

（3）扩大几倍

（4）缩小几倍

（5）正比例关系

（6）衡量惯性的大小

（7）如果用起重机搬运

（8）这个例子说明

（9）做功有快有慢

（10）把几百块砖送到楼顶

句子练习

1. 听录音，判断下列词组或句子是否和你听到的完全一样，一样画√，不一样画×（每个词组或句子听两遍）

（1）运动状态容易改变。

（2）我们说它的惯性比较大。

（3）如果x扩大到原来的几倍

（4）我们把两个量间的这种关系叫做反比例关系。

（5）如果y缩小到原来的几分之几

（6）如果用人搬运需要几个小时？

（7）空气、水、铁都是物质。

（8）各种物体所含物质有多有少。

（9）这个例子说明

（10）怎样表示做功的快和慢呢？

2. 根据录音内容选择正确答案（每个句子听两遍）

（1）质量小的物体，运动状态容易改变。

问：质量小的物体运动状态怎样？

（2）物体运动状态不容易改变，我们说它的惯性大。

问：如果物体的惯性大，它的运动状态怎样？

（3）物体的质量是它惯性大小的量度。

问：这句话没有提到什么？

（4）物体的质量就是物体所含物质的多少。

问：这句话在说明：

（5）物体所含物质越多，它的质量就越大。

问：物体所含物质和质量之间的关系是：

（6）空气、水、铁都是常见的物质。

问：这句话说了几种物质？

（7）做相同的功，需要的时间不同，也可以说做功的快慢不同。

问：这句话是在说什么？

（8）各种物体所含的物质有多有少。

问：物体所含的物质：

短文理解

1. 听短文，根据短文内容选择正确答案（每段短文听两遍）

短文1

由于物体的惯性比较抽象，我们怎样来衡量它的大小呢？一方面，质量小的物体，运动状态容易改变，我们说它的惯性小；另一方面，质量大的物体，运动状态不容易改变，我们说它的惯性大。也就是说，物体的质量是物体惯性大小的量度。

（1）这段话是在说什么？

（2）衡量惯性的大小，主要看什么？

短文2

在算式$y=\frac{12}{x}$中，如果x扩大到原来的几倍，y就会缩小到原来的几分之一；反之，如果x缩小到原来的几分之一，y就扩大到原来的几倍。我们把两个量之间的这种关系叫做反比例关系。

（1）这段话是在说两个量之间的什么关系？

（2）如果一个量扩大，另外一个量也一样扩大，它们的关系是什么？

2. 听短文，根据短文内容判断对错，对的画√，错的画×（每段短文听两遍）

短文1

空气、水、铁等都是物质。各种物体所含的物质有多有少。例如，一桶水比一瓶水所含的物质多，大铁块比小铁块所含的物质多。也就是说物体的质量就是物体所含物质的多少，所含物质越多，物体的质量就越大；反之，所含物质越少，物体的质量就越小。

短文2 13-10

在一个建筑工地上，如果把几百块砖送到楼顶，用人搬运需要几个小时；如果用起重机搬运，几分钟就可以了。这个例子说明，做相同的功，所需的时间是不同的，也就是说做功有快有慢。怎样表示做功的快慢呢？

参考答案
Reference Answers

第一部分 听力训练

词语练习

2. (1) B (2) A (3) B (4) A (5) B
   (6) A (7) B (8) A (9) A (10) A

3. (1) B (2) A (3) B (4) B (5) A
   (6) B (7) B (8) A (9) A (10) B

句子练习

1. (1) √ (2) × (3) × (4) × (5) ×
   (6) × (7) √ (8) × (9) √ (10) ×

2. (1) B (2) B (3) A (4) B
   (5) A (6) C (7) B (8) C

短文理解

1. 短文1：(1) A (2) B
   短文2：(1) B (2) A

2. 短文1：（1）√　（2）×　（3）×

（4）√　（5）×　（6）√

短文2：（1）×　（2）√　（3）×

趣味题：

1. 镜子

2. 人的五个手指

第十四课 Lesson 14

事物的构成 Composition of an Object or a Substance

听力文本（印刷体）Listening Scripts (Printed)

第一部分 听力训练

词语练习

1. 用拼音写出你听到的词语（每个词语听两遍）14-2

（1）熟悉　（2）组成　（3）一行　（4）制作　（5）形成
（6）单元格　（7）基本　（8）石油　（9）整体　（10）操作

2. 在你听到的词语前面画√（每个词语听两遍）14-3

（1）空气　（2）构成　（3）食盐　（4）微小　（5）粒子
（6）化石　（7）性质　（8）分子　（9）表格　（10）一列

3. 听后跟读（每个词组听两遍）14-4

（1）基本成分
　　物质的基本成分
（2）主要成分
　　食盐的主要成分
（3）电子表格
　　制作电子表格
（4）基本元素
　　电子表格的基本元素
（5）整体操作
　　进行整体操作
（6）空气分子
　　由空气分子组成

句子练习

1. 听后跟读（每个句子听两遍）14-5

（1）空气是由空气分子组成的。
（2）物质是由微小的粒子——分子、原子等构成的。
（3）食盐的主要成分是氯化钠。
（4）电子表格通常由一些行和列组成，行和列相交的部分，叫做单元格。
（5）物质的基本成分——元素，其实只有100多种。
（6）水、氧气和二氧化碳的成分中都含有氧元素。

2. 根据录音内容判断对错，对的画√，错的画×（每个句子听两遍）

（1）空气是由空气分子组成的。

（2）物质是由微小的粒子——分子、原子等构成的。

（3）食盐的主要成分是氯化钠。

（4）电子表格由一些行和列组成，行和列相交的部分，叫做单元格。

（5）物质的基本成分——元素，其实只有100多种。

（6）尽管水、氧气和二氧化碳的组成和性质不同，但它们的成分中都含有氧元素。

（7）石油是一种化石燃料，化石燃料要经过几百万年才能形成。

3. 根据录音内容填空（每个句子听两遍）

（1）物质的基本成分——元素，其实只有100多种。

（2）碳酸钙是由碳、氧、钙这三种元素组成的。

（3）水、氧气和二氧化碳，它们的组成和性质不同，但它们的成分中都含有氧元素。

（4）用计算机能制作电子表格。

（5）单元格是电子表格的基本元素。

（6）同种原子可以结合成分子，不同种原子不能结合成分子。

短文理解

1. 听短文，根据短文内容判断对错，对的画√，错的画×（每段短文听两遍）

短文1

物质的基本成分，也就是元素，只有100多种。例如，石灰石的主要成分是碳酸钙，而碳酸钙是由碳、氧、钙这三种元素组成的。再如，我们熟悉的水(H_2O)、氧气(O_2)和二氧化碳(CO_2)，尽管它们的组成和性质不同，但它们的成分中都含有氧元素。

短文2

用计算机能制作电子表格。电子表格通常由一些行和列组成，行和列相交的部分，叫做单元格。单元格是电子表格的基本元素，是进行整体操作的最小单位。

2. 听短文，根据短文内容回答问题（短文听两遍）

物质是由微小的粒子即分子、原子等构成的。同种原子可以结合成分子，不同种原子不能结合成分子。

听力文本（手写体）
Listening Scripts (Handwritten)

第一部分　听力训练

词语练习

1. 用拼音写出你听到的词语（每个词语听两遍）

(1) 熟悉　(2) 组成　(3) 一行　(4) 制作　(5) 形成
(6) 单元格　(7) 基本　(8) 石油　(9) 整体　(10) 操作

2. 在你听到的词语前面画√（每个词语听两遍）

(1) 空气　(2) 构成　(3) 食盐　(4) 微小　(5) 粒子
(6) 化石　(7) 性质　(8) 分子　(9) 表格　(10) 一列

3. 听后跟读（每个词组听两遍）

(1) 基本成分
物质的基本成分

(2) 主要成分
食盐的主要成分

(3) 电子表格
制作电子表格

(4) 基本元素
电子表格的基本元素

(5) 整体操作
进行整体操作

(6) 空气分子
由空气分子组成

句子练习

1. 听后跟读（每个句子听两遍）

(1) 空气是由空气分子组成的。
(2) 物质是由微小的粒子——分子、原子等构成的。
(3) 食盐的主要成分是氯化钠。
(4) 电子表格通常由一些行和列组成，行和列相交的部分，叫做单元格。
(5) 物质的基本成分——元素，其实只有100多种。
(6) 水、氧气和二氧化碳的成分中都含有氧元素。

2. 根据录音内容判断对错，对的画√，错的画×（每个句子听两遍）

(1) 空气是由空气分子组成的。
(2) 物质是由微小的粒子——分子、原子等构成的。

（3）食盐的主要成分是氯化钠。

（4）电子表格由一些行和列组成，行和列相交的部分，叫做单元格。

（5）物质的基本成分——元素，其实只有100多种。

（6）尽管水、氧气和二氧化碳的组成和性质不同，但它们的成分中都含有氧元素。

（7）石油是一种化石燃料，化石燃料要经过几百万年才能形成。

3. 根据录音内容填空（每个句子听两遍） 14-7

（1）物质的基本成分——元素，其实只有100多种。

（2）碳酸钙是由碳、氧、钙这三种元素组成的。

（3）水、氧气和二氧化碳，它们的组成和性质不同，但它们的成分中都含有氧元素。

（4）用计算机能制作电子表格。

（5）单元格是电子表格的基本元素。

（6）同种原子可以结合成分子，不同种原子不能结合成分子。

短文理解

1. 听短文，根据短文内容判断对错，对的画√，错的画×（每段短文听两遍）

短文1 14-8

物质的基本成分，也就是元素，只有100多种。例如，石灰石的主要成分是碳酸钙，而碳酸钙是由碳、氧、钙这三种元素组成的。再如，我们熟悉的水(H_2O)、氧气(O_2)和二氧化碳(CO_2)，尽管它们的组成和性质不同，但它们的成分中都含有氧元素。

短文2 14-9

用计算机能制作电子表格。电子表格通常由一些行和列组成，行和列相交的部分，叫做单元格。单元格是电子表格的基本元素，是进行整体操作的最小单位。

2. 听短文，根据短文内容回答问题（短文听两遍） 14-10

物质是由微小的粒子即分子、原子等构成的。同种原子可以结合成分子，不同种原子不能结合成分子。

参考答案
Reference Answers

第一部分　听力训练

词语练习

1.（1）shúxī　（2）zǔchéng　（3）yìháng　（4）zhìzuò　（5）xíngchéng
（6）dānyuángé　（7）jīběn　（8）shíyóu　（9）zhěngtǐ　（10）cāozuò

2.（1）A　（2）B　（3）A　（4）A　（5）A
（6）A　（7）A　（8）B　（9）B　（10）A

句子练习

2.（1）√　（2）√　（3）√　（4）×
（5）√　（6）√　（7）×

3.（1）元素　（2）组成　（3）含有
（4）制作　（5）单元格　（6）结合　结合

短文理解

1. 短文1：（1）×　（2）√
短文2：（1）×　（2）×

2.（1）物质是由微小的粒子——分子、原子等构成的。
（2）不是，同种原子可以结合成分子，不同种原子不能结合成分子。

第二部分　口语练习

说一说

（1）水由氢元素和氧元素构成。
氧气由氧元素构成。

二氧化碳由氧元素和碳元素构成。

石灰石由碳、氧、钙这三种元素构成。

食盐由氯元素和钠元素构成。

（2）电子表格通常由一些行和列组成。

趣味题：

他是用冰造的船。

第十五课 Lesson 15

事物的变化（一） Changes of Things (Ⅰ)

听力文本（印刷体） Listening Scripts (Printed)

第一部分 听力训练

词语练习

1. 用拼音写出你听到的词语（每个词语听两遍） 15-2

（1）联系 （2）周围 （3）汽化 （4）交融 （5）蜡烛

（6）共存 （7）溶化 （8）物态 （9）晶体 （10）混合

2. 在你听到的词语前面画√（每个词组听两遍） 15-3

（1）生产数量

（2）物态变化

（3）固液共存

（4）一根蜡烛

（5）有联系

（6）混合气体

（7）燃烧的过程

（8）由固体变成液体

（9）互相交融

（10）物体的状态

3. 听后跟读（每个词语听两遍） 15-4

（1）联系 有联系

（2）燃烧 蜡烛燃烧

（3）液体 溶化成液体

（4）混合 和氧气分子混合

（5）交融 交融在一起

（6）共存 固液共存

句子练习

1. 听后跟读（每个句子听两遍） 15-5

（1）物理变化与化学变化是有联系的。

（2）蜡烛燃烧的过程，是由蜡先溶化成液体，然后再汽化，最后再燃烧。

（3）物态变化是物理变化，而燃烧则是化学变化。

（4）由固体先变固液共存，再变成液体，最后变成汽液共存。

（5）在熔化过程中，物体的状态在不断变化。

2. 根据录音内容判断对错，对的画√，错的画×（每个句子听两遍）15-6

（1）物理变化与化学变化是有联系的。

（2）蜡烛燃烧，就是由蜡先溶化成液体，然后再汽化，和周围的氧气分子混合，然后再燃烧。

（3）物态变化是物理变化。

（4）非晶体在熔化过程中先由固体变成固液共存，然后再变成液体，最后变成汽液共存。

（5）晶体在熔化过程中，虽固液共存，但固液数量在不断变化。

3. 根据录音内容填空（每个句子听两遍）15-7

（1）毕业后我跟他没有联系。

（2）蜡烛先溶化成液体，然后再汽化。

（3）在这里，物理变化和化学变化就交融在一起了。

（4）玻璃的熔化过程是先由固体变成固液共存，然后再变成液体，最后变成汽液共存。

（5）食盐在熔化过程中，虽固液共存，但固液数量在不断变化。

短文理解

1. 听短文，根据短文内容判断对错，对的画√，错的画×（每段短文听两遍）

短文1　15-8

非晶体在熔化过程中，其状态变化情况是：由固体先变固液共存，再变成液体，最后变成汽液共存，而晶体在熔化过程中，虽固液共存，但固液数量在不断变化。

短文2　15-9

在一定外压下，晶体受热后，只有达到某一确定的温度，也就是熔点，才开始熔化，在晶体未完全熔化之前，处于固液共存的状态时，温度保持恒定不变。而非晶体则不同，无法确定哪一温度是它的熔点。

2. 听短文，根据短文内容回答问题（短文听两遍）15-10

物理变化与化学变化是有联系的，比如蜡烛燃烧，就是由蜡先溶化成液体，然后再汽化，和周围的氧气分子混合，然后再燃烧。物态变化是物理变化，而燃烧则是化学变化。在这里，物理变化和化学变化就交融在一起了。

听力文本（手写体）
Listening Scripts (Handwritten)

第一部分　听力训练

词语练习

1. 用拼音写出你听到的词语（每个词语听两遍）15-2

（1）联系　（2）周围　（3）汽化　（4）交融　（5）蜡烛
（6）共存　（7）溶化　（8）物态　（9）晶体　（10）混合

2. 在你听到的词语前面画√（每个词组听两遍）15-3

（1）生产数量
（2）物态变化
（3）固液共存
（4）一根蜡烛
（5）有联系
（6）混合气体
（7）燃烧的过程
（8）由固体变成液体
（9）互相交融
（10）物体的状态

3. 听后跟读（每个词语听两遍）15-4

（1）联系
有联系
（2）燃烧
蜡烛燃烧
（3）液体
溶化成液体
（4）混合
和氧气分子混合
（5）交融
交融在一起
（6）共存
固液共存

句子练习

1. 听后跟读（每个句子听两遍）15-5

（1）物理变化与化学变化是有联系的。
（2）蜡烛燃烧的过程，是由蜡先溶化成液体，然后再汽化，最后再燃烧。
（3）物态变化是物理变化，而燃烧则是化学变化。
（4）由固体先变固液共存，再变成液体，最后变成汽液共存。
（5）在熔化过程中，物体的状态在不断变化。

2. 根据录音内容判断对错，对的画√，错的画×（每个句子听两遍）

（1）物理变化与化学变化是有联系的。

（2）蜡烛燃烧，就是由蜡先溶化成液体，然后再汽化，和周围的氧气分子混合，然后再燃烧。

（3）物态变化是物理变化。

（4）非晶体在熔化过程中先由固体变成固液共存，然后再变成液体，最后变成汽液共存。

（5）晶体在熔化过程中，虽固液共存，但固液数量在不断变化。

3. 根据录音内容填空（每个句子听两遍）

（1）毕业后我跟他没有联系。

（2）蜡烛先溶化成液体，然后再汽化。

（3）在这里，物理变化和化学变化就交融在一起了。

（4）玻璃的熔化过程是先由固体变成固液共存，然后再变成液体，最后变成汽液共存。

（5）食盐在熔化过程中，虽固液共存，但固液数量在不断变化。

短文理解

1. 听短文，根据短文内容判断对错，对的画√，错的画×（每段短文听两遍）

短文1

非晶体在熔化过程中，其状态变化情况是：由固体先变固液共存，再变成液体，最后变成汽液共存，而晶体在熔化过程中，虽固液共存，但固液数量在不断变化。

短文2

在一定外压下，晶体受热后，只有达到某一确定的温度，也就是熔点，才开始熔化，在晶体未完全熔化之前，处于固液共存的状态时，温度保持恒定不变。而非晶体则不同，无法确定哪一温度是它的熔点。

2. 听短文，根据短文内容回答问题（短文听两遍）

物理变化与化学变化是有联系的，比如蜡烛燃烧，就是由蜡先溶化成液体，然后再汽化，和周围的氧气分子混合，然后再燃烧。物态变化是物理变化，而燃烧则是化学变化。在这里，物理变化和化学变化就交融在一起了。

参考答案
Reference Answers

第一部分 听力训练

词语练习

1.（1）liánxì （2）zhōuwéi （3）qìhuà （4）jiāoróng （5）làzhú
（6）gòngcún （7）rónghuà （8）wùtài （9）jīngtǐ （10）hùnhé

2.（1）A （2）A （3）B （4）A （5）B
（6）B （7）A （8）A （9）B （10）A

句子练习

2.（1）√ （2）√ （3）× （4）× （5）√

3.（1）联系 （2）汽化 （3）交融 （4）共存 （5）食盐 数量

短文理解

1. 短文1：（1）√ （2）√
短文2：（1）√ （2）×

2.（1）物理变化和化学变化常常交融在一起。
（2）蜡烛燃烧，由蜡先溶化成液体，然后再汽化，和周围的氧气分子混合，然后再燃烧。

趣味题：

可以把氧气瓶加热，得到氧气瓶里剩下的氧气。

第十六课 Lesson 16

事物的变化（二） Changes of Things (Ⅱ)

听力文本（印刷体） Listening Scripts (Printed)

第一部分　听力训练

词语练习

1. 用拼音写出你听到的词语（每个词语听两遍）16-2

（1）联结　（2）降低　（3）甚至　（4）波浪线　（5）满足

（6）光缆　（7）传送　（8）文档　（9）拼写　（10）关系

2. 在你听到的词语前面画√（每个词语听两遍）16-3

（1）社会的进步　（6）金属导线

（2）用符号标记　（7）地球卫星

（3）电视画面　（8）自动检查

（4）人类社会　（9）关系密切

（5）通信技术　（10）发展技术

3. 听后跟读（每个词语听两遍）16-4

（1）导线
金属导线

（2）卫星
通信卫星

（3）信息量
越来越大的信息量

（4）文本
输入文本

（5）检查
自动检查

（6）高于4℃
温度高于4℃

句子练习

1. 听后跟读（每个句子听两遍）16-5

（1）同一种物质，体积越大，质量越大。

（2）玻璃受热后温度会越来越高。

（3）计算机之间的联结，除了使用金属导线外，还使用光缆、通信卫星等各种通信手段。

（4）随着通信技术的发展，信息传送的速度越来越快。

（5）如果文字有拼写错误，则在错误文字下面显示红色波浪线。

2. 根据录音内容判断对错，对的画√，错的画×（每个句子听两遍） 16-6

（1）随着通信技术的发展，现在已经可以在很短的时间内传送越来越大的信息量。

（2）现在信息传送速度甚至能够满足电视等活动画面的需要，我们已经可以轻松地在网上看电视了。

（3）液体的沸点是随着大气压强的变化而变化的。

（4）温度高于4℃时，随着温度的升高，水的密度越来越小；温度低于4℃时，随着温度的降低，水的密度也越来越小。

（5）除了收发电子邮件外，我们还可以从网上看新闻、查找各种资料。

3. 根据录音内容填空（每个句子听两遍） 16-7

（1）最近他学习越来越努力。

（2）科学技术越进步，人类的生活越方便。

（3）如果文字有语法错误，Word会自动在错误句子下面显示绿色波浪线。

（4）物体的状态会随着温度的升高而发生变化。

（5）随着年龄越来越大，他对找女朋友的要求降低了。

（6）除了去图书馆，我们还可以在网上查找资料。

短文理解

1. 听短文，根据短文内容回答问题（每段短文听两遍）

短文1 16-8

计算机之间的联结，除了使用金属导线外，还使用光缆、通信卫星等各种通信手段。随着通信技术的发展，信息传送的速度越来越快，现在已经可以在很短的时间内传送非常大的信息量，甚至能够满足电视等活动画面的需要，现在我们已经可以轻松地在网上看电视了。

短文2 16-9

当用户输入文本时，Word会进行自动检查，帮助用户发现文档中的错误，并且用波浪线标记出来。如果文字有拼写错误，错误文字下面会出现红色波浪线；如果有语法错误，错误句子下面会出现绿色波浪线。

2. 听短文，根据短文内容判断对错，对的画√，错的画×（短文听两遍）

随着技术的发展和社会的进步，计算机和人类的关系越来越密切。计算机和网络已经成为人们日常工作、学习和生活的重要组成部分，甚至可以说，人类已经离不开计算机了。计算机网络的发展对人类社会产生了积极的作用，但是如果不正确利用，网络也会给我们带来不好的影响。

听力文本（手写体）

Listening Scripts (Handwritten)

第一部分　听力训练

词语练习

1. 用拼音写出你听到的词语（每个词语听两遍）

（1）联结　（2）降低　（3）甚至　（4）波浪线　（5）满足

（6）光缆　（7）传送　（8）文档　（9）拼写　（10）关系

2. 在你听到的词语前面画√（每个词语听两遍）

（1）社会的进步

（2）用符号标记

（3）电视画面

（4）人类社会

（5）通信技术

（6）金属导线

（7）地球卫星

（8）自动检查

（9）关系密切

（10）发展技术

3. 听后跟读（每个词语听两遍）

（1）导线

金属导线

（2）卫星

通信卫星

（3）信息量

越来越大的信息量

（4）文本

输入文本

（5）检查

自动检查

（6）高于4℃

温度高于4℃

句子练习

1. 听后跟读（每个句子听两遍）

（1）同一种物质，体积越大，质量越大。

（2）玻璃受热后温度会越来越高。

（3）计算机之间的联结，除了使用金属导线外，还使用光缆、通信卫星等各种通信手段。

（4）随着通信技术的发展，信息传送的速度越来越快。

（5）如果文字有拼写错误，则在错误文字下面显示红色波浪线。

2. 根据录音内容判断对错，对的画√，错的画×（每个句子听两遍）

（1）随着通信技术的发展，现在已经可以在很短的时间内传送越来越大的信息量。

（2）现在信息传送速度甚至能够满足电视等活动画面的需要，我们已经可以轻松地在网上看电视了。

（3）液体的沸点是随着大气压强的变化而变化的。

（4）温度高于4℃时，随着温度的升高，水的密度越来越小；温度低于4℃时，随着温度的降低，水的密度也越来越小。

（5）除了收发电子邮件外，我们还可以从网上看新闻、查找各种资料。

3. 根据录音内容填空（每个句子听两遍）

（1）最近他学习越来越努力。

（2）科学技术越进步，人类的生活越方便。

（3）如果文字有语法错误，Word会自动在错误句子下面显示绿色波浪线。

（4）物体的状态会随着温度的升高而发生变化。

（5）随着年龄越来越大，他对找女朋友的要求降低了。

（6）除了去图书馆，我们还可以在网上查找资料。

短文理解

1. 听短文，根据短文内容回答问题（每段短文听两遍）

短文1

计算机之间的联结，除了使用金属导线外，还使用光缆、通信卫星等各种通信手段。随着通信技术的发展，信息传送的速度越来越快，现在已经可以在很短的时间内传送非常大的信息量，甚至能够满足电视等活动画面的需要，现在我们已经可以轻松地在网上看电视了。

短文2

当用户输入文本时，Word会进行自动检查，帮助用户发现文档中的错误，并且用波浪线标记出来。如果文字有拼写错误，错误文字下面会出现红色波浪线；如果有语法错误，错误句子下面会出现绿色波浪线。

2. 听短文，根据短文内容判断对错，对的画√，错的画×（短文听两遍）

随着技术的发展和社会的进步，计算机和人类的关系越来越密切。计算机和网络已经成为人们日常工作、学习和生活的重要组成部分，甚至可以说，人类已经离不开计算机了。计算机网络的发展对人类社会产生了积极的作用，但是如果不正确利用，网络也会给我们带来不好的影响。

参考答案
Reference Answers

第一部分　听力训练

词语练习

1. （1）liánjiē　（2）jiàngdī　（3）shènzhì　（4）bōlàngxiàn　（5）mǎnzú
　（6）guānglǎn　（7）chuánsòng　（8）wéndàng　（9）pīnxiě　（10）guānxi

2. （1）A　（2）B　（3）B　（4）A　（5）A
　（6）B　（7）B　（8）B　（9）A　（10）A

句子练习

2. （1）√　（2）√　（3）√　（4）×　（5）√

3. （1）越来越　（2）人类　（3）自动　显示
　（4）升高　（5）降低　（6）资料

短文理解

1. 短文1：

（1）计算机之间的联结，除了使用金属导线外，还使用光缆、通信卫星等各种通信手段。

（2）随着通信技术的发展，信息传送的速度越来越快，现在已经可以在很短的时间内传送非常大的信息量。

短文2：

（1）如果用户输入的文本有拼写错误，错误文字下面会出现红色波浪线。

（2）如果用户输入的文本有语法错误，错误句子下面会出现绿色波浪线。

2.（1）√　　　　（2）×

第二部分　口语练习

1.（1）我越来越胖。

（2）越到高的地方风力越大。

（3）随着成绩的提高，他的心情也好起来了。

（4）他学习的兴趣随着心情的变化而变化。

（5）他除了喜欢听音乐、读书、看电影，还喜欢运动。

（6）他病得很厉害，甚至都不能起床了。

趣味题：

不能确定。

第十七课 Lesson 17

因果联系 Cause and Effect

听力文本（印刷体）
Listening Scripts (Printed)

第一部分　听力训练

词语练习

1. 在你听到的词语前面画√（每个词语听两遍）

（1）持续加热
（2）运算　运动
（3）会聚力量
（4）施加压力
（5）照射时间不长
（6）有机物和化合物
（7）圆周运动是变速运动
（8）激光的亮度很强
（9）物体持续运动
（10）氯气的化学性质很活泼

2. 根据录音内容填空（每个词组听两遍）

（1）把物体举高
（2）用激光照射物体
（3）匀速圆周运动
（4）物体运动受到阻力
（5）物体由于运动而具有能量
（6）物体的运动就会停止

句子练习

1. 根据录音内容判断对错，对的画√，错的画×（每个句子听两遍）

（1）由于天气不好，所以我们改变了旅行计划。
（2）物体由于受到作用力而开始运动。
（3）物体由于被举高而具有势能。
（4）如果撤销对运动物体的作用力，物体就会停止运动。
（5）由于平行度好，激光可以会聚到一个点上。
（6）之所以不能用激光照射人的眼睛，是因为它的亮度很强。

2. 根据录音内容选择正确答案（每个句子听两遍）17-5

（1）匀速运动的特点是速度和方向都不改变。

问：匀速运动的特点是什么？

（2）自行车在运动时产生动能，被举高时产生势能，静止时不产生能量。

问：自行车什么时候产生势能？

（3）氧气的化学性质没有氢气活泼，氢气的化学性质没有氯气活泼。

问：哪种气体的化学性质最活泼？

（4）有机物都含有碳元素，但含有碳元素的物质不一定都是有机物，比如二氧化碳。

问：关于二氧化碳，哪个是正确的？

（5）摩擦阻力会影响物体的运动速度，如果摩擦阻力很小，物体的速度会很快。

问：如果摩擦阻力很小，物体的运动速度会怎么样？

（6）铁和氢气不是化合物，水和二氧化碳则是化合物，因为它们含有不同的元素。

问：哪种物质不是化合物？

短文理解

1. 听短文，根据短文内容判断对错，对的画√，错的画×（每段短文听两遍）

短文1 17-6

圆周运动，即使是匀速圆周运动，由于运动方向在不断改变，所以也是变速运动。物体由于运动而具有的能量叫做动能。物体由于被举高而具有势能。

短文2 17-7

由于平行度好，激光可以会聚到很小的一个点上。由于激光亮度很强，所以千万不能用激光对着人的眼睛照射。

2. 听短文，根据短文内容选择正确答案（每段短文听两遍）

短文1 17-8

由于氯气的化学性质很活泼，所以它能跟很多金属、非金属和有机物发生反应，生成多种化合物。因此，氯气成为化学工业的重要物质。

（1）化学性质很活泼的物质是哪个？

（2）氯气跟别的物质发生反应可以生成什么？

（3）氯气成为化学工业的重要物质的原因是什么？

短文2

亚里士多德认为，要使一个物体持续运动，就必须对它施加力的作用。如果这个力被撤销，物体就会停止运动。而伽利略通过实验表明，物体的运动并不需要力来维持，运动之所以会停下来，是因为受到了摩擦阻力。

（1）亚里士多德认为，要使一个物体持续运动需要怎样？

（2）伽利略的实验表明，物体停止运动是因为：

（3）关于物体的运动，哪个不是伽利略的观点？

听力文本（手写体）
Listening Scripts (Handwritten)

第一部分　听力训练

词语练习

1. 在你听到的词语前面画√（每个词语听两遍）

（1）持续加热

（2）运算　运动

（3）会聚力量

（4）施加压力

（5）照射时间不长

（6）有机物和化合物

（7）圆周运动是变速运动

（8）激光的亮度很强

（9）物体持续运动

（10）氯气的化学性质很活泼

2. 根据录音内容填空（每个词组听两遍）

（1）把物体举高

（2）用激光照射物体

（3）匀速圆周运动

（4）物体运动受到阻力

（5）物体由于运动而具有能量

（6）物体的运动就会停止

句子练习

1. 根据录音内容判断对错，对的画√，错的画×（每个句子听两遍）

（1）由于天气不好，所以我们改变了旅行计划。

(2) 物体由于受到作用力而开始运动。

(3) 物体由于被举高而具有势能。

(4) 如果撤销对运动物体的作用力，物体就会停止运动。

(5) 由于平行度好，激光可以会聚到一个点上。

(6) 之所以不能用激光照射人的眼睛，是因为它的亮度很强。

2. 根据录音内容选择正确答案（每个句子听两遍） 17-5

(1) 匀速运动的特点是速度和方向都不改变。

问：匀速运动的特点是什么？

(2) 自行车在运动时产生动能，被举高时产生势能，静止时不产生能量。

问：自行车什么时候产生势能？

(3) 氮气的化学性质没有氧气活泼，氧气的化学性质没有氯气活泼。

问：哪种气体的化学性质最活泼？

(4) 有机物都含有碳元素，但含有碳元素的物质不一定都是有机物，比如二氧化碳。

问：关于二氧化碳，哪个是正确的？

(5) 摩擦阻力会影响物体的运动速度，如果摩擦阻力很小，物体的速度会很快。

问：如果摩擦阻力很小，物体的运动速度会怎么样？

(6) 铁和氢气不是化合物，水和二氧化碳则是化合物，因为它们含有不同的元素。

问：哪种物质不是化合物？

短文理解

1. 听短文，根据短文内容判断对错，对的画√，错的画×（每段短文听两遍）

短文1 17-6

圆周运动，即使是匀速圆周运动，由于运动方向在不断改变，所以也是变速运动。物体由于运动而具有的能量叫做动能。物体由于被举高而具有势能。

短文2 17-7

由于平行度好，激光可以会聚到很小的一个点上。由于激光亮度很强，所以千万不能用激光对着人的眼睛照射。

2. 听短文，根据短文内容选择正确答案（每段短文听两遍）

短文1 17-8

由于氯气的化学性质很活泼，所以它能跟很多金属、非金属和有机物发生反应，生成多种化合物。因此，氯气成为化学工业的重要物质。

（1）化学性质很活泼的物质是哪个？

（2）氯气跟别的物质发生反应可以生成什么？

（3）氯气成为化学工业的重要物质的原因是什么？

短文2 17-9

亚里士多德认为，要使一个物体持续运动，就必须对它施加力的作用。如果这个力被撤销，物体就会停止运动。而伽利略通过实验表明，物体的运动并不需要力来维持，运动之所以会停下来，是因为受到了摩擦阻力。

（1）亚里士多德认为，要使一个物体持续运动需要怎样？

（2）伽利略的实验表明，物体停止运动是因为：

（3）关于物体的运动，哪个不是伽利略的观点？

参考答案
Reference Answers

第一部分　听力训练

词语练习

1. （1）B　（2）A　（3）B　（4）A　（5）B
（6）B　（7）A　（8）B　（9）B　（10）A

2. （1）举　（2）照射　（3）匀速
（4）阻力　（5）能量　（6）停止

句子练习

1.（1）×　（2）×　（3）×　（4）×　（5）√　（6）×

2.（1）C　（2）C　（3）C　（4）B　（5）A　（6）C

短文理解

1. 短文1：（1）×　（2）√　（3）√　（4）×
   短文2：（1）√　（2）×　（3）√

2. 短文1：（1）B　（2）C　（3）A
   短文2：（1）B　（2）C　（3）A

趣味题：

因为小孩并没说这是他家。

第十八课 Lesson 18

条件限制 Condition and Restriction

听力文本（印刷体） Listening Scripts (Printed)

第一部分　听力训练

词语练习

1. 听后跟读（每个词组听两遍）18-2

（1）在一般情况下　通常情况下　在一定条件下

（2）当温度适宜　常温常压下　标准大气压下

（3）增大压强时　当受热或遇冷时

（4）只要温度上升　只有速度变化时　无论怎样小的力

2. 根据录音内容复述并填空（每个句子听两遍）18-3

（1）水结冰时体积会变大。

（2）高压线路的电压有几万伏甚至几十万伏。

（3）燃烧是一种发光放热的现象。

（4）产生剧烈的化学反应。

（5）你一定见过"高压危险"的标志。

句子练习

根据录音内容选择正确答案（每个句子听两遍）18-4

（1）多数物质从液体变为固体时体积会变小，但水是一个例外。

问：体积会变小的是哪种情况？

（2）多数物质从液体变为气体时体积会增大，水也不例外。

问：体积会变大的是哪种情况？

（3）把水加热到100℃时，水沸腾了。此后再加热，温度也不再上升。

问：下列说法错误的是：

（4）可燃物发生燃烧的两个条件是：（1）跟空气或氧气接触。（2）温度达到着火点。

问：哪个办法可以让物体燃烧？

（5）要使燃烧停止，只要与空气隔绝，或把温度降到着火点以下就可以了。

问：哪个办法能停止燃烧？

短文理解

1. 听短文，根据短文内容回答问题（短文听两遍） 18-5

浮力与重力

在液体中的物体，当它所受的浮力大于重力时，物体上浮；当它所受的浮力小于所受的重力时，物体下沉；当它所受的浮力与所受的重力相等时，物体悬浮在液体中，或漂浮在液面上。

听短文，做2至4题

电压越高越危险

你一定见过"高压危险"的标志。电压越高，对人越危险。干电池的电压只有1.5 伏，对人不会造成伤害；家庭照明电路的电压是220伏，一旦触电，就非常危险；高压线路的电压有几万伏甚至几十万伏，即使不直接接触，也能使人死亡。

2. 听第一遍，根据短文内容选择正确答案 18-6

（1）对人身体没有伤害的是哪个？

（2）下列哪种情况对人的身体会造成伤害？

3. 听第二遍，根据短文内容判断对错，对的画√，错的× 18-7

4. 听第三遍，根据短文内容回答问题 18-8

第二部分 口语练习

3. 听后用所给的词语说说这段短文的主要意思（短文听两遍） 18-9

把一瓶水加热，当温度加热到100℃时，瓶里的水沸腾了。此后即使再加热，温度也不再上升。然后增大瓶里的压强，并继续加热。我们会看到沸腾停止，水的温度又开始升高。这说明，水的沸点随着压强的增大而升高。

听力文本（手写体）

Listening Scripts (Handwritten)

第一部分　听力训练

词语练习

1. 听后跟读（每个词组听两遍）

（1）在一般情况下　通常情况下　在一定条件下

（2）当温度适宜　常温常压下　标准大气压下

（3）增大压强时　当受热或遇冷时

（4）只要温度上升　只有速度变化时　无论怎样小的力

2. 根据录音内容复述并填空（每个句子听两遍）

（1）水结冰时体积会变大。

（2）高压线路的电压有几万伏甚至几十万伏。

（3）燃烧是一种发光放热的现象。

（4）产生剧烈的化学反应。

（5）你一定见过“高压危险”的标志。

句子练习

根据录音内容选择正确答案（每个句子听两遍）

（1）多数物质从液体变为固体时体积会变小，但水是一个例外。

问：体积会变小的是哪种情况？

（2）多数物质从液体变为气体时体积会增大，水也不例外。

问：体积会变大的是哪种情况？

（3）把水加热到100℃时，水沸腾了。此后再加热，温度也不再上升。

问：下列说法错误的是：

（4）可燃物发生燃烧的两个条件是：（1）跟空气或氧气接触。（2）温度达到着火点。

问：哪个办法可以让物体燃烧？

（5）要使燃烧停止，只要与空气隔绝，或把温度降到着火点以下就可以了。

问：哪个办法能停止燃烧？

短文理解

1. 听短文，根据短文内容回答问题（短文听两遍）

浮力与重力

在液体中的物体，当它所受的浮力大于重力时，物体上浮；当它所受的浮力小于所受的重力时，物体下沉；当它所受的浮力与所受的重力相等时，物体悬浮在液体中，或漂浮在液面上。

听短文，做2至4题

电压越高越危险

你一定见过“高压危险”的标志。电压越高，对人越危险。干电池的电压只有1.5伏，对人不会造成伤害；家庭照明电路的电压是220伏，一旦触电，就非常危险；高压线路的电压有几万伏甚至几十万伏，即使不直接接触，也能使人死亡。

2. 听第一遍，根据短文内容选择正确答案

（1）对人身体没有伤害的是哪个？

（2）下列哪种情况对人的身体会造成伤害？

3. 听第二遍，根据短文内容判断对错，对的画√，错的×

4. 听第三遍，根据短文内容回答问题

第二部分　口语练习

3. 听后用所给的词语说说这段短文的主要意思（短文听两遍）

把一瓶水加热，当温度加热到100℃时，瓶里的水沸腾了。此后即使再加热，温度也不再上升。然后增大瓶里的压强，并继续加热。我们会看到沸腾停止，水的温度又开始升高。这说明，水的沸点随着压强的增大而升高。

参考答案
Reference Answers

第一部分　听力训练

词语练习

2.（1）结冰　体积
（2）线路　电压　甚至
（3）燃烧　现象
（4）化学反应
（5）危险　标志

句子练习

（1）D　（2）A　（3）A　（4）C　（5）C

短文理解

1.（1）物体受到的浮力大于重力的时候。
（2）物体受到的浮力小于重力的时候。
（3）物体受到的浮力等于重力的时候。
（4）气球上浮到水面上，因为它受到的浮力比重力大。
小铁块会下沉到水下，因为它受到的重力比浮力大。

2.（1）A　（2）D

3.（1）√　（2）×　（3）√　（4）√

4.（1）干电池是1.5 V，家庭照明电路是220 V，高压线路的电压有几万伏甚至几十万伏。
（2）干电池对人没有伤害，家庭照明电路和高压线路对人都有伤害。
家庭照明电路的电压，对人非常危险；高压线路的电压，会使人死亡。
不要接触家庭照明电路，要离高压线路远一些。

第二部分　口语练习

1.（1）只有在标准大气压下且温度超过0摄氏度时，固体的冰才变为液态的水。

（2）当温度超过沸点时，水就会变成气体。

如果温度超过沸点，水就变成气体。

只要温度超过沸点，水就会变成气体。

在温度超过沸点的条件下，水就变成气体。

（3）当在高山上时，水的沸点会降低到100℃以下。

如果在高山上，水的沸点就会降低到100℃以下。

（4）当它所受的浮力大于重力时，木头漂浮在液体表面。

如果它所受的浮力大于重力，木头就漂浮在液体表面。

在它所受的浮力大于重力的条件下，木头漂浮在液体表面。

只要它所受的浮力大于重力，木头就漂浮在液体表面。

3. 把一瓶水加热，当温度加热到100℃时，瓶里的水沸腾了。此后即使再加热，温度也不再上升。然后增大瓶里的压强，并继续加热。我们会看到沸腾停止，水的温度又开始升高。这说明，水的沸点随着压强的增大而升高。

趣味题：

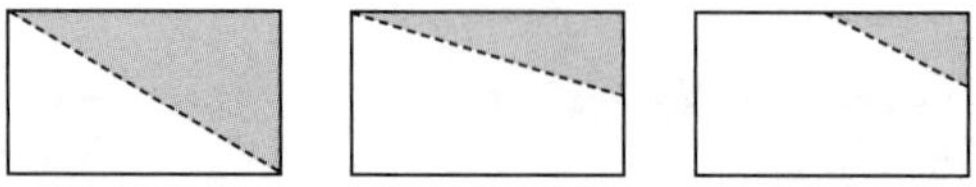

剩3个角　　剩4个角　　剩5个角

第十九课 Lesson 19

推论总结 Inference and Conclusion

听力文本（印刷体） Listing Scripts (Printed)

第一部分　听力训练

词语练习

1. 根据录音内容填空（每个句子听两遍）

（1）你能得到什么结论？

（2）由此可见，质量是物体惯性大小的量度。

（3）从上述实验事实可以看出：镁最活泼，铁、铜次之。

（4）这说明液体表面的空气流动得越快，蒸发也越快。

（5）研究表明：在自然界中无法形成完全一样的雪花。

2. 在你听到的词语前面画√（每个句子听两遍）

（1）我们把物体保持运动状态不变的特性叫做惯性 (inertia)。

（2）实验表明，大部分金属都可以与氧气发生化学反应，但反应的难易程度和剧烈程度不同。

（3）由此可见，质量是物体惯性大小的量度。

（4）实验证明，在雨中走路淋到的雨，反而会比跑步淋到的雨要少。

（5）如果泪水掉进口中，人能感觉到它是咸的，说明泪水中有盐分。

句子练习

1. 根据录音内容判断对错，对的画√，错的画×（每个句子听两遍）

（1）镁、铝等在常温下能与氧气反应。

（2）质量小的物体，惯性小；质量大的物体，惯性大。

（3）实验表明，大部分金属都可以与氧气发生化学反应，但反应的难易程度不同。

（4）泪水中有99%的水、1%的固体，固体中一半以上是盐。

（5）这说明：经常运动，心脏的工作时间就可以延长。

2. 根据录音内容选择正确答案（每个句子听两遍）

（1）经过多次的实验和分析，都得到相同的结论：化学方法只能改变物质的成分而不能改变物质的质量。

问：不能得到下面哪个结论？

（2）湿衣服挂在通风的地方干得快，这表明液体表面的空气流动得越快，蒸发也越快。

问：湿衣服在通风的地方干得快，说明了什么道理？

（3）湿衣服挂在通风的地方干得快，挂在没有风的地方干得慢。

问：湿衣服挂在哪里干得快？

（4）人们认为下雨的时候，为了躲雨应该跑得快一点儿。

问：下雨时人们一般会怎么做？

（5）人们一般认为在雨中为了躲雨应该跑得快一点儿，但是很多科学家作过实验，实验证明，在雨中走路淋到的雨，反而会比跑步淋到的雨少。

问：实验证明怎么做淋到的雨会少些？

短文理解

听短文，做1至3题

雪花的基本形状是六角形，但是大自然中却几乎找不出两朵完全相同的雪花，就像地球上找不出两个完全相同的人一样。许多学者用显微镜观察过成千上万朵雪花，这些研究最后得出结论：形状、大小完全一样的雪花，在自然界中是无法形成的。

1. 听第一遍，根据短文内容判断对错，对的画√，错的画×
2. 听第二遍，根据短文内容回答问题
3. 听第三遍，根据短文内容给下列句子排序

听短文，做4至6题

实验表明，大部分金属都可以与氧气发生化学反应；但反应的难易程度不同。例如，镁在常温下就能与氧气反应；铁、铜只在高温时能与氧气反应。而金即使在高温时也不与氧气反应。从上述实验事实可以看出，镁比较活泼，铁、铜次之，金最不活泼。

4. 听第一遍，根据短文内容判断对错，对的画√，错的画×

5. 听第二遍，根据短文内容选择正确答案

（1）不能与氧气发生反应的是哪种金属？

（2）下列金属从活泼到不活泼的排序正确的是：

6. 听第三遍，用所给的词语复述短文

听力文本（手写体）

Listening Scripts (Handwritten)

第一部分 听力训练

词语练习

1. 根据录音内容填空（每个句子听两遍）

（1）你能得到什么结论？

（2）由此可见，质量是物体惯性大小的量度。

（3）从上述实验事实可以看出：镁最活泼，铁、铜次之。

（4）这说明液体表面的空气流动得越快，蒸发也越快。

（5）研究表明：在自然界中无法形成完全一样的雪花。

2. 在你听到的词语前面画√（每个句子听两遍）

（1）我们把物体保持运动状态不变的特性叫做惯性 *(inertia)*。

（2）实验表明，大部分金属都可以与氧气发生化学反应，但反应的难易程度和剧烈程度不同。

（3）由此可见，质量是物体惯性大小的量度。

（4）实验证明，在雨中走路淋到的雨，反而会比跑步淋到的雨要少。

（5）如果泪水掉进口中，人能感觉到它是咸的，说明泪水中有盐分。

句子练习

1. 根据录音内容判断对错，对的画√，错的画×（每个句子听两遍） 19-4

（1）镁、铝等在常温下能与氧气反应。

（2）质量小的物体，惯性小；质量大的物体，惯性大。

（3）实验表明，大部分金属都可以与氧气发生化学反应，但反应的难易程度不同。

（4）泪水中有99%的水、1%的固体，固体中一半以上是盐。

（5）这说明：经常运动，心脏的工作时间就可以延长。

2. 根据录音内容选择正确答案（每个句子听两遍） 19-5

（1）经过多次的实验和分析，都得到相同的结论：化学方法只能改变物质的成分而不能改变物质的质量。

问：不能得到下面哪个结论？

（2）湿衣服挂在通风的地方干得快，这表明液体表面的空气流动得越快，蒸发也越快。

问：湿衣服在通风的地方干得快，说明了什么道理？

（3）湿衣服挂在通风的地方干得快，挂在没有风的地方干得慢。

问：湿衣服挂在哪里干得快？

（4）人们认为下雨的时候，为了躲雨应该跑得快一点儿。

问：下雨时人们一般会怎么做？

（5）人们一般认为在雨中为了躲雨应该跑得快一点儿，但是很多科学家作过实验，实验证明，在雨中走路淋到的雨，反而会比跑步淋到的雨少。

问：实验证明怎么做淋到的雨会少些？

短文理解

听短文，做1至3题

雪花的基本形状是六角形，但是大自然中却几乎找不出两朵完全相同的雪花，就象地球上找不出两个完全相同的人一样。许多学者用显微镜观察过成千上万朵雪花，这些研究最后得出结论：形状、大小完全一样的雪花，在自然界中是无法形成的。

1. 听第一遍，根据短文内容判断对错，对的画√，错的画× 19-6

2. 听第二遍，根据短文内容回答问题 19-7

3. 听第三遍，根据短文内容给下列句子排序 19-8

听短文，做4至6题

实验表明，大部分金属都可以与氧气发生化学反应，但反应的难易程度不同。例如，镁在常温下就能与氧气反应。铁、铜只在高温时能与氧气反应。而金即使在高温时也不与氧气反应。从上述实验事实可以看出，镁比较活泼，铁、铜次之，金最不活泼。

4. 听第一遍，根据短文内容判断对错，对的画√，错的画× 19-9

5. 听第二遍，根据短文内容选择正确答案 19-10

（1）不能与氧气发生反应的是哪种金属？

（2）下列金属从活泼到不活泼的排序正确的是：

6. 听第三遍，用所给的词语复述短文 19-11

参考答案
Reference Answers

第一部分　听力训练

词语练习

1.（1）结论

（2）由此可见　质量

（3）实验事实　活泼　次之

（4）这说明　蒸发

（5）研究证明　自然界

2.（1）B　（2）B　（3）C　（4）B　（5）C

句子练习

1.（1）√　（2）×　（3）√　（4）×　（5）×

2.（1）B　（2）C　（3）A　（4）B　（5）A

短文理解

1.（1）√　　（2）√　　（3）×

2.（1）六角形

（2）没有形状、大小完全一样的雪花

3. 正确顺序是：C　B　E　D　A

4.（1）×　　（2）√　　（3）√　　（4）×　　（5）×

5.（1）C　　（2）A

第二部分　口语练习

1.（1）氢气球可以飞上天，由此可见氢气比空气要轻。

氢气球可以飞上天，由此得出结论：氢气比空气要轻。

氢气球可以飞上天，这说明氢气比空气要轻。

（2）苹果从树上掉下来，由此可见地球上存在垂直向下的重力。

苹果从树上掉下来，由此得出结论：地球上存在垂直向下的重力。

苹果从树上掉下来，这说明地球上存在垂直向下的重力。

（3）水在0℃变成冰，100℃下变成水蒸气，由此可见温度可以改变水的状态。

水在0℃变成冰，100℃下变成水蒸气，由此得出结论：温度可以改变水的状态。

水在0℃变成冰，100℃下变成水蒸气，这说明温度可以改变水的状态。

2.（1）由此可见氧气帮助燃烧。

（2）这说明高山上的空气重量轻，地面上的空气重。

趣味题：

王小姐在游泳，因为她游泳技术不太好，喝了很多水，所以体重增加了。

第二十课 Lesson 20

问题解读（一） Understanding the Problems (Ⅰ)

听力文本（印刷体） Listing Scripts (Printed)

第一部分　听力训练

词语练习

1. 听后跟读（每个词组听两遍）
   （1）试解释这是为什么　分析其成因　说明理由
   （2）举例说明　举出反例　举出具体的实例　结合实例说明
   （3）由此实验得出什么结论　证明这一结论　解释下列现象

2. 根据录音内容填空（每个句子听两遍）
   （1）根据你在生活中的观察，描述食盐的物理性质。
   （2）请举出具体的实例说明：每一个力都同时存在施力物体和受力物体。
   （3）判断下列叙述是否正确，并说明理由。
   （4）已知：一个点在角的平分线上，求证：这个点到角两边的距离相等。
   （5）结合实例说明不可再生能源有什么特点。

   再听一遍，判断上面的句子是否要求我们做以下事情

句子练习

1. 听录音，复述以下指令，并用自己的话说说每个指令的要求（每个指令听两遍）
   （1）结合实例说明不可再生能源有什么特点。可再生能源呢？
   （2）判断下列说法正确与否，如果错误，请加以改正。
   （3）判断下列说法是否正确。认为对的，请说明理由；认为错的，请举出反例。
   （4）根据质量守恒定律解释下列现象：将450份质量的氧化汞加热分解，得到415份质量的汞和35份质量的氧气。
   （5）有没有符合下列说法的实例？若有，请举例。物体运动的加速度等于0，而速度却不等于0。

2. 根据录音内容选择正确答案（每个句子听两遍）

（1）什么事实可以说明运动和静止是相对的？

问：题目要求我们做什么？

（2）有没有符合下列说法的实例？若有，请举例。物体运动的加速度等于0，而速度却不等于0。

问：从这段话可以知道什么？

（3）跳远运动员在起跳前助跑有什么好处？你能说明理由吗？

问：哪个是这段录音的答案？

（4）结合自己的生活经验和知识，描述氧气的性质，并判断哪些属于物理性质。

问：这段短文让我们做几件事？

（5）请你描述氧气和二氧化碳的性质，说说哪些属于物理性质，哪些属于化学性质，利用哪些方法可以区分物理性质和化学性质。

问：哪个是短文让我们做的？

短文理解

1. 听短文，根据短文内容判断对错，对的画√，错的画×（短文听两遍）

举出具体的实例来说明：（1）力可以让物体的运动状态发生改变，也可以让物体发生形变；（2）每一个力，都同时存在施力物体和受力物体。

2. 听短文，根据短文内容回答问题（短文听两遍）

调查火灾发生的事例，你能否从能量转化的角度分析火灾发生的原因？并讨论如何防止火灾的发生。

听短文，做3至5题

牛顿第二定律告诉我们，即使非常小的力也可以使物体产生加速度。但是，当我们提一个很重的箱子时，虽然用了很大的力却提不动。这跟牛顿第二定律有没有矛盾？应该怎样解释这个现象？

3. 听第一遍，速记短文重要词语

4. 听第二遍，根据短文内容判断对错，对的画√，错的画×

5. 听第三遍，根据速记词语复述短文主要内容

听力文本（手写体）

Listening Scripts (Handwritten)

第一部分　听力训练

词语练习

1. 听后跟读（每个词组听两遍）

（1）试解释这是为什么　分析其成因　说明理由

（2）举例说明　举出反例　举出具体的实例　结合实例说明

（3）由此实验得出什么结论　证明这一结论　解释下列现象

2. 根据录音内容填空（每个句子听两遍）

（1）根据你在生活中的观察，描述食盐的物理性质。

（2）请举出具体的实例说明：每一个力都同时存在施力物体和受力物体。

（3）判断下列叙述是否正确，并说明理由。

（4）已知：一个点在角的平分线上，求证：这个点到角两边的距离相等。

（5）结合实例说明不可再生能源有什么特点。

再听一遍，判断上面的句子是否要求我们做以下事情

句子练习

1. 听录音，复述以下指令，并用自己的话说说每个指令的要求（每个指令听两遍）

（1）结合实例说明不可再生能源有什么特点。可再生能源呢？

（2）判断下列说法正确与否，如果错误，请加以改正。

（3）判断下列说法是否正确。认为对的，请说明理由；认为错的，请举出反例。

（4）根据质量守恒定律解释下列现象：将450份质量的氧化汞加热分解，得到415份质量的汞和35份质量的氧气。

（5）有没有符合下列说法的实例？若有，请举例。物体运动的加速度等于0，而速度却不等于0。

2. 根据录音内容选择正确答案（每个句子听两遍）

（1）什么事实可以说明运动和静止是相对的？

问：题目要求我们做什么？

（2）有没有符合下列说法的实例？若有，请举例。物体运动的加速度等于0，而速度却不等于0。

问：从这段话可以知道什么？

（3）跳远运动员在起跳前助跑有什么好处？你能说明理由吗？

问：哪个是这段录音的答案？

（4）结合自己的生活经验和知识，描述氧气的性质，并判断哪些属于物理性质。

问：这段短文让我们做几件事？

（5）请你描述氧气和二氧化碳的性质，说说哪些属于物理性质，哪些属于化学性质，利用哪些方法可以区分物理性质和化学性质。

问：哪个是短文让我们做的？

短文理解

1. 听短文，根据短文内容判断对错，对的画√，错的画×（短文听两遍）

举出具体的实例来说明：（1）力可以让物体的运动状态发生改变，也可以让物体发生形变；（2）每一个力，都同时存在施力物体和受力物体。

2. 听短文，根据短文内容回答问题（短文听两遍）

调查火灾发生的事例，你能否从能量转化的角度分析火灾发生的原因？并讨论如何防止火灾的发生。

听短文，做3至5题

牛顿第二定律告诉我们，即使非常小的力也可以使物体产生加速度。但是，当我们提一个很重的箱子时，虽然用了很大的力却提不动。这跟牛顿第二定律有没有矛盾？应该怎样解释这个现象？

3. 听第一遍，速记短文重要词语

4. 听第二遍，根据短文内容判断对错，对的画√，错的画×

5. 听第三遍，根据速记词语复述短文主要内容

参考答案
Reference Answers

第一部分　听力训练

词语练习

2.（1）根据　观察　描述
（2）举出　实例
（3）判断　是否正确　理由
（4）已知　求证　相等
（5）结合实例　特点

再听一遍，判断上面的句子是否让我们做以下事情：
（1）√　（2）√　（3）×　（4）√　（5）×

句子练习

2.（1）A　（2）B　（3）B　（4）B　（5）C

短文理解

1.（1）√　（2）√　（3）√　（4）√　（5）×

2. 3个任务：找出火灾的例子；找出火灾的原因；怎么防止火灾。

4.（1）√　（2）×　（3）√

第二部分　口语练习

（1）盐是白色的，很咸，粉末状，可以溶解到水中，加热以后盐会融化；糖也是白色的，也有红色和透明的，都很甜，有粉末状也有块儿状和颗粒状的，能溶解到水中，加热以后也会融化。

（2）① 不对，0的相反数还是0。

② 不对，如果a是2，b是-3，那么a的倒数大于b的倒数。

趣味题：

再加水。

第二十一课 Lesson 21

问题解读（二） Understanding the Problems (Ⅱ)

听力文本（印刷体） Listening Scripts (Printed)

第一部分　听力训练

词语练习

1. 听后跟读（每个词组听两遍）21-2

（1）整理记录　简述试验的步骤

（2）设计报告格式　写出探究报告

（3）测量数据　用图示表示　解下列方程

（4）补出空缺　完成填空

（5）判断正确与否　加以改正

2. 根据录音内容填空（每个句子听两遍）21-3

（1）你如何认识“空气是一种宝贵的资源”？

（2）如果要通过观测计算木星的质量，需要测量哪些数据？

（3）请补出表中的空缺，并完成表后的填空。

（4）总结科学探究必要的环节或者步骤，将其写下来。

（5）整理本次探究活动的记录，写出探究报告。

再听一遍，判断上面的句子是否让我们做以下事情 21-4

句子练习

1. 根据录音内容选择正确答案（每个句子听两遍）21-5

（1）一位同学为测量小灯泡的功率连出了电路。画出他的电路图，他的电路有什么错误？怎样改正？

问：这段短文给了几个任务？

（2）加热试管里的液体时，能否将试管口对着人？为什么？

问：本题要求我们做什么？

（3）一个面积为18平方米的长方形，已知它的长宽之比为3:2，求它的长和宽。

问：本题已知的是什么？

（4）下列化学方程式写得是否正确？如不正确，说明原因。

问：本题要求我们做什么？

（5）各边相等的圆内接多边形是正多边形吗？如果是，说明为什么；如果不是，举出反例。

问：下列说法错误的是：

2. 听录音，复述下列指令，并用自己的话说说每个指令的要求（每个指令听两遍） 21-6

（1）已知一个数的绝对值是9，求这个数。

（2）利用家中的常用物品设计一个证明空气存在的小实验。

（3）写出科学探究必要的环节或者步骤，并用图示表示它们之间的关系。

（4）设计一个小实验证明植物体内含有水，并简述实验的步骤。

（5）一位同学为测量小灯泡的功率连出了电路。画出他的电路图，他的电路有什么错误？怎样改正？

短文理解

1. 听短文，根据短文内容回答问题（短文听两遍） 21-7

质量是500克的足球被踢出后，某人观察它在空中的飞行情况，估计上升的最大高度是10 米，在最高点的速度为20米每秒。请你根据这个估计，计算运动员踢球时对足球做的功。

听短文，做2至3题：

一个人在公路上骑自行车，他看见在公路旁每1千米就有一个里程碑，通过里程碑他能否估测出自行车的速度？如果能，你知道如何估测吗？

2. 听第一遍，速记短文中的重要词语并说说短文的主要内容 21-8

3. 听第二遍，根据速记内容回答问题 21-9

4. 听短文，根据短文内容判断对错，对的画√，错的画 ×（短文听两遍）

太阳的周围有绕它公转的行星，其中就有木星，而木星的周围又有绕它公转的卫星。那么如果要通过观测计算木星的质量，都需要对哪些质量进行测量呢？试推导用这些量表示的木星质量的计算式。

听力文本（手写体）

Listening Scripts (Handwritten)

第一部分　听力训练

词语练习

1. 听后跟读（每个词组听两遍）

（1）整理记录　简述试验的步骤

（2）设计报告格式　写出探究报告

（3）测量数据　用图示表示　解下列方程

（4）补出空缺　完成填空

（5）判断正确与否　加以改正

2. 根据录音内容填空（每个句子听两遍）

（1）你如何认识“空气是一种宝贵的资源”？

（2）如果要通过观测计算木星的质量，需要测量哪些数据？

（3）请补出表中的空缺，并完成表后的填空。

（4）总结科学探究必要的环节或者步骤，将其写下来。

（5）整理本次探究活动的记录，写出探究报告。

再听一遍，判断上面的句子是否让我们做以下事情

句子练习

1. 根据录音内容选择正确答案（每个句子听两遍）

（1）一位同学为测量小灯泡的功率连出了电路。画出他的电路图，他的电路有什么错误？怎样改正？

问：这段短文给了几个任务？

（2）加热试管里的液体时，能否将试管口对着人？为什么？

问：本题要求我们做什么？

（3）一个面积为18平方米的长方形，已知它的长宽之比为3:2，求它的长和宽。

问：本题已知的是什么？

（4）下列化学方程式写得是否正确？如不正确，说明原因。

问：本题要求我们做什么？

（5）各边相等的圆内接多边形是正多边形吗？如果是，说明为什么；如果不是，举出反例。

问：下列说法错误的是：

2. 听录音，复述下列指令，并用自己的话说说每个指令的要求（每个指令听两遍）

（1）已知一个数的绝对值是9，求这个数。

（2）利用家中的常用物品设计一个证明空气存在的小实验。

（3）写出科学探究必要的环节或者步骤，并用图示表示它们之间的关系。

（4）设计一个小实验证明植物体内含有水，并简述实验的步骤。

（5）一位同学为测量小灯泡的功率连出了电路。画出他的电路图，他的电路有什么错误？怎样改正？

短文理解

1. 听短文，根据短文内容回答问题（短文听两遍）

质量是500克的足球被踢出后，某人观察它在空中的飞行情况，估计上升的最大高度是10 米，在最高点的速度为20米每秒。请你根据这个估计，计算运动员踢球时对足球做的功。

听短文，做2至3题：

一个人在公路上骑自行车，他看见在公路旁每1千米就有一个里程碑，通过里程碑他能否估测出自行车的速度？如果能，你知道如何估测吗？

2. 听第一遍，速记短文中的重要词语并说说短文的主要内容 21-8

3. 听第二遍，根据速记内容回答问题 21-9

（1）这段话问了几个问题？分别是什么？

（2）你会回答短文中的问题吗？

4. 听短文，根据短文内容判断对错，对的画√，错的画×（短文听两遍） 21-10

太阳的周围有绕它公转的行星，其中就有木星，而木星的周围又有绕它公转的卫星。那么如果要通过观测计算木星的质量，都需要对哪些质量进行测量呢？试推导用这些量表示的木星质量的计算式。

参考答案
Reference Answers

第一部分　听力训练

词语练习

2.（1）如何认识

（2）计算　质量　测量　数据

（3）补出　空缺　填空

（4）总结　环节　步骤

（5）整理　记录　报告

再听一遍，判断听到的句子是否让我们做以下事情：

（1）√　（2）×　（3）×　（4）√　（5）×

句子练习

2.（1）B　（2）B　（3）C　（4）B　（5）C

短文理解

1.（1）500g是足球的质量。

（2）10m是足球在空中的最大高度。

（3）20m/s。

（4）计算运动员踢球时对足球做的功。

3. 两个问题。一个是可不可以估测自行车的速度，一个是怎么估测自行车的速度。看看骑到第二个里程碑需要多长时间，然后就可以知道自行车走一千米需要多长时间。

4.（1）√　（2）×　（3）√　（4）√　（5）×

第二部分　口语练习

（1）找一个空瓶子，将瓶口垂直水面向下放到水中，可以看到从瓶子口有气泡冒出来，这说明了空气的存在。

找一个空瓶子，将瓶口垂直水面向下放到水中，直到整个瓶子进入到水中，如果控制得好，不会有气泡冒出，也不会有水进入，这说明空气存在，所以水不能进到瓶子里。然后在水里慢慢把瓶子斜过来，会看到有气泡冒出，水也逐渐进入瓶子里，这时空气排出来了，这个实验也证明了空气的存在。

（2）用一个塑料袋把植物的一部分套住，然后用小绳子封住塑料袋的口，过一段时间以后会发现，塑料袋里有小水珠，这个实验证明了植物体内含有水。

取一小段植物，把它装在塑料袋里，用小绳子封住塑料袋的口，放在阳光下或者加热，过一会儿，会发现有小水珠，由此可见植物体内含有水。

趣味题：

1.姐姐：12岁　弟弟：6岁

2. 大盘：5个　小盘：3个